公認会計士試験短答式試験は、2006年□□□□□□□□□、論文式試験に先立ち、財務会計論、管理会計論□□□□及び企業法について、短答式試験が実施されます。

本書は、この短答式試験対策のために資格の大原 公認会計士講座が作成したものです。

短答式試験における管理会計論の出題内容をまとめてみると以下のとおりです。

1．計算問題の出題が60点を占めること。
2．計算問題のうち理論的判断ないし推定を要するものが含まれていること。
3．管理会計論の出題範囲の全般にわたって出題されること。
4．理論の出題は、わが国の「原価計算基準」の理解を問う基本的な問題が中心であること。
5．「新しい原価計算」の相対的ウエートが増したこと。

これらを踏まえて、短答式対策『管理会計論』は、計算問題についても、問題数を増やし、また「原価計算基準」の理解を問うものを網羅的に掲載し、「新しい原価計算」の部分を若干追加しました。ただ、計算問題については日頃1時間問題等の答案練習を積んでいる受験生にとって特別な対策はそれ程必要とされないと思われるため、1時間問題等であまり取り扱われないものを優先して採用しました。

なお、従来からの編集方針である以下の4点はそのまま維持しました。

1．出題範囲はわが国の「原価計算基準」が規定する範囲を中心とし、管理会計「財務情報分析」の分野を含む、原価計算一般の全領域としたこと。
2．わが国の「原価計算基準」の理解を含む、原価計算に関する理論の攻略を中心的課題としたこと。
3．1問の解答時間を3〜5分程度に制限したレベルの問題としたこと。
4．解説は懇切丁寧にをモットーとしたこと。

以上、本書が受験生諸氏の短答式試験対策に大いに威力を発揮し、合格への手助けとなることを信じて止みません。

2023年（令和5年）5月
資格の大原 公認会計士講座　管理会計論スタッフ一同

本書の特徴と構成

出題可能性の高い問題を厳選

・本試験レベル、近年の頻出論点を完全網羅。

管理会計の実力向上を目指す方にとって格好の書

・試験傾向に対応した問題演習により、短答式試験の得点に直接結びつく学習が可能。

問題を厳選し豊富な問題演習量を確保できるよう構成

30 累加法及び予定原価法による工程別総合原価計算

当社では、工程別総合原価計算によって製品原価の計算を行っている。そこで以下の〔資料〕を参考にして、諸問に答えなさい。なお、工程別総合原価計算の方法は、累加法によって実施している。

〔資料〕

1. 第1工程

(1) 当月の生産データと原価データ

		原料費	加工費
月初仕掛品	450kg (0.8)	33,810円	16,200円
当月投入	9,400kg	690,000円	420,900円
合　計	9,850kg		
減　損	200kg (0.2)		
月末仕掛品	350kg (0.6)		
工程完了品	9,300kg		

(注) カッコ内は加工進捗度を示す（以下同様）。

(2) その他

① 月末仕掛品の評価は、先入先出法による。

② 減損に関わる費用は、月末仕掛品と工程完了品に自動的に負担させる。

③ 原料は工程の始点で投入される。

④ 工程完了品はすべて第2工程の始点に投入される。

2. 第2工程

(1) 当月の生産データ

月初仕掛品	450個 (0.4)
当月投入	1,500個
合　計	1,950個
仕損品	10個
月末仕掛品	300個 (0.5)
完成品	1,640個

(注) 第2工程の始点において、振替品1個につき1kgの原料を追加投入している。この追加原料は単なる付着物であるので、追加投入により製品の数量自体は増加しない。

(2) 原価データ

	原料費	前工程費	加工費
月初仕掛品	9,000円	336,600円	24,300円
当月製造費用	31,500円	?　円	226,800円

(3) その他

① 月末仕掛品の評価は、先入先出法によっている。

② 仕損品は終点で発生しているため、その費用はすべて完成品に負担させる。なお、仕損品の評価額は、総額で900円と見積もられた。

問1 第1工程の月末仕掛品原価はいくらになるか答えなさい。なお、計算の結果端数が出るときは円位未満の金額を切り捨てること。

① 35,910円　② 36,800円　③ 35,309円　④ 35,904円　⑤ 35,330円

問2 第2工程の完成品単位原価はいくらになるか答えなさい。なお、計算の結果端数が出るときは円位未満第2位を四捨五入すること。

① 914.2円／個　② 914.3円／個　③ 914.5円／個

④ 914.6円／個　⑤ 915.2円／個

本試練レベルの問題を掲載しています。

本書の使い方

　本書は公認会計士試験の短答式試験対策用の問題集です。

　短答式試験においては、論文式試験では出題されにくい分野からの出題も大いに予想されます。本書に掲載した問題は、広い範囲から重要度の高い内容を厳選してありますので、ただ解答するだけではなく、解答に引用した「原価計算基準」等の出典にも目を通すようにしてください。解答時間は、1問3〜5分程度の問題としておりますので、こちらを目安にしてください。特に「原価計算基準」等の理論問題の解きなおしの際は、1回目に不正解となった問題が正解できるようになったかと、1肢1肢の正誤判断を確実に行えたか確認するようにしましょう。本書が受験生諸氏の短答式試験対策に大いに威力を発揮し、合格への手助けになることを信じて止みません。

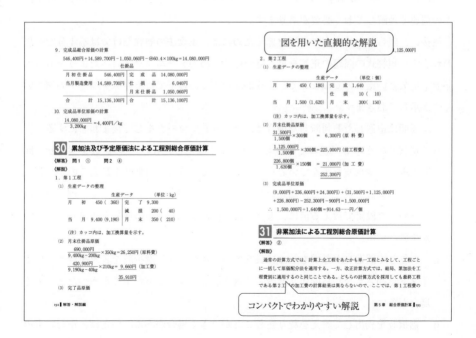

■ 本書利用上の、また、短答式試験に対処するための学習上の注意 ■

　短答式試験の対処方法として、最も重要なことは、論文式と同様に、正確な知識を網羅的に身につけることです。ただし、短答式試験においては、論文式試験では出題されにくい分野からの出題も大いに予想されます。本書に掲載した問題は、広い範囲から重要度の高い内容を厳選してありますので、ただ解くだけではなく、解答に引用した「原価計算基準」等の出典にも目を通すようにしてください。

　また、様々な出題形式に慣れることが必要です。本書には、バラエティに富んだ出題形式で各種の問題が掲載されていますので、本書で十分に練習を積んでください。そうすれば、常日頃の学習においても、どこをどのようにおさえておけば短答式試験対策として有効かが体得できるでしょう。

　そして、ある論点に関する記述や計算結果の正しいものを選択させる問題に対処するためには、「原価計算基準」の規定や原価計算の理論を、計算目的や具体的な計算手法との関連で理解しておく必要があります。

　最後に、限られた時間内で正解を導くためには、正攻法の勉強だけでは不十分だと思われます。短答式の問題の正答を早く見つけるためのテクニックといったようなものも必要不可欠といえるのではないでしょうか。そこで、以下ではそのテクニックの例をいくつか示しておきます。

　a．難問に遭遇したと判断した場合は、チェック・マークをして後まわしにする。

　b．選択肢のうちで"誤っているもの（もしくは正しいもの）"の個数を選ばせる問題の場合、選択肢を読んでいるうちに、誤っているものの個数を数えるのか、正しいものの個数を数えるのか勘違いしてしまうことがある。したがって、選択肢を読み終わった段階で数える前に、もう一度、問題文がどちらの解答を要求しているのかを確認する。

　c．一見して問題文が難解もしくは長文である場合、先に選択肢を読み組合せ等のポイントを押さえながら問題文を読んで選択肢をつぶした方が早く正当へたどり着く場合が多い。

　d．選択肢を利用して答えを絞り込むことができる場合がある。例えば、正しいもの

２つの組合せを選ぶ場合、自分で正しいと思うものが３つあっても、そのうちの２つが含まれている選択肢が１つしかなければ、それが正解であると判断できる。

e．確実な知識を優先させて誤った選択肢を消去していくこと。

　　例えば、以下のような空欄補充問題があったとする。

　　　ロシアの通貨は（　　a　　）

　　　アメリカの通貨は（　　b　　）

　　　日本の通貨は（　　c　　）

　　　欧州の通貨は（　　d　　）

　　選択肢：

　　　１．a：バーツ　　　b：ユーロ　　　c：円　　　　　d：ドル

　　　２．a：ウォン　　　b：ドル　　　　c：ルーブル　d：バーツ

　　　３．a：ルーブル　b：ドル　　　　c：円　　　　　d：ウォン

　　　４．a：ルーブル　b：ドル　　　　c：円　　　　　d：ユーロ

　　　５．a：バーツ　　　b：ユーロ　　　c：ウォン　　d：ドル

　　ここで、もし、ｂとｃについては確実な知識があり、ａとｄについてはおぼろげな知識しかないとしたら、先にｂとｃだけを見て誤りの選択肢は消去してしまう。すなわち、選択肢の１．２．５．はまず消去され、３．４．についてのみａとｄを検討するのである。あるいは、ｄについて確実な知識をもっているのなら正解は４．だけであると判断できる。こうすることで、より早く、より高い確率で正解に近づくことができる。

f．解釈によっては、正しいとも誤りともいえる文章が存在する場合には、作問者がそれを正しいと考えているのか誤りと考えているのかを選択肢から判断する。例えば、以下のような問題があったとする。

　　文章ａ～ｄのうち正しいものの組合せとして適当なものを選べ。

　　　文章ａ→明らかに誤りと判断されるもの。

　　　文章ｂ→明らかに正しいと判断されるもの。

　　　文章ｃ→正しいとも誤りとも判断されるもの。

　　　文章ｄ→明らかに誤りと判断されるもの。

選択肢：

1．文章 a と文章 b

2．文章 b と文章 c

3．文章 c と文章 d

4．文章 d と文章 a

ひねくれて、正答なしと考えて番号を選択しないことのないようにすべきである。

正解は 2．であることは明らかであり、この場合は、文章 c を正しいと解釈する必要がある。

g．計算問題については、最大で 6 分程度の問題を想定している。計算結果として正しいものを選択肢の中から 1 つ選ぶ形式であるが、選択肢の中には題意と異なる計算を行った場合に得られる計算結果も示されているので、題意の把握を慎重に行う必要がある。

管理会計論　出題論点一覧表

出題論点・テーマ	2019年第Ⅰ回	2019年第Ⅱ回	2020年第Ⅰ回	2020年第Ⅱ回	2021年	2022年第Ⅰ回	2022年第Ⅱ回	2023年第Ⅰ回
原価計算の基礎知識	○		○	○		○		○
費目別計算	○	○○	○		○	○	○	
材料費								○
労務費					○			
経費								
製造間接費		○						
部門別計算		○	○	○			○	
個別原価計算	○○		○	○	○○	○○	○	○○
総合原価計算	○	○○	○		○	○		○
工程別総合原価計算	○		○	○			○	
組別総合原価計算								
等級別総合原価計算								
その他の実際原価計算				○	○	○		○
標準原価計算	○○	○○	○○	○○	○○	○○	○○	○○
直接原価計算				○				
管理会計の基礎知識	○	○	○	○	○	○	○	○
財務情報分析				○	○	○		
短期利益計画のための管理会計	○		○	○	○	○		○
予算管理	○		○	○	○	○		○
資金管理とキャッシュ・フロー管理			○		○			○
原価管理	○○	○	○		○	○		
活動基準原価計算	○	○		○		○	○	○
差額原価収益分析		○○	○	○		○	○○	○
投資計画の経済性計算	○	○	○	○		○	○	○
分権組織とグループ経営の管理会計	○	○○	○	○	○		○	○

目 次

第 1 章 原価計算の基礎知識

第 2 章 費目別計算

第 3 章 部門別計算

第 4 章 個別原価計算

第 5 章 総合原価計算

第 6 章 標準原価計算

第 7 章 直接原価計算

第 8 章 管理会計の基礎知識

第 9 章 財務情報分析

第18章 その他の論点

問題編

第1章 原価計算の基礎知識

1 原価計算の目的

わが国の『原価計算基準』に関する次のア～エの記述のうちには，正しいものが二つある。その記号の組合せの番号を一つ選びなさい。

ア．原価計算には，企業の出資者，債権者，経営者等のために，過去の一定期間における損益ならびに期末における財政状態を財務諸表に表示するために必要な真実の原価を集計する目的がある。

イ．原価計算には，価格計算目的が挙げられているが，これは製品やサービスの売価決定等企業の価格政策に資することを意味する。

ウ．原価計算の目的の一つとして，経営管理者の各階層に対して，原価管理に必要な原価資料を提供することがあげられる。ここに原価管理とは，原価の標準を設定してこれを指示し，原価の実際の発生額を計算記録し，これを標準と比較して，その差異の原因を分析し，これに関する資料を経営管理者に報告し，原価能率を増進する措置を講ずることをいう。

エ．原価計算の目的には，予算の編成ならびに予算統制のために必要な原価資料を提供することがある。予算は，業務執行に関する総合的な個別計画であるが，予算編成の過程は，たとえば製品組合せの決定，部品を自製するか外注するかの決定等個々の選択的事項に関する意思決定を含むことは，いうまでもない。

① アイ ② アウ ③ アエ ④ イウ ⑤ イエ ⑥ ウエ

2 原価計算制度

　『原価計算基準』（大蔵省企業会計審議会中間報告）における原価計算とは、制度としての原価計算を指すものとされる。そこで同基準における原価計算制度の特徴を説明した以下の文章のうち、誤っていると考えられるものの組合せを下記の選択肢から１つ選び、記号で答えなさい。

a．原価計算制度は、財務諸表の作成、原価管理、予算統制、経営基本計画設定等の各種の目的が、重点の相違はあるが相ともに達成されるべき一定の計算秩序を指している。

b．原価計算制度の種類には実際原価計算制度と標準原価計算制度があるが、これらの制度で計算される原価は実際原価と標準原価である。従って見積原価の計算を行おうとすれば見積原価計算制度の実施が必要になり、『基準』の範囲内では、見積原価の計算は行われないことになる。

c．実際原価計算制度は、製品の実際原価をもって財務会計と有機的に結合する原価計算制度であるので、勘定組織の枠外で標準原価を計算し、もって原価管理に役立てても、実際原価計算制度と呼ぶことができる。

d．予算を編成することは、実際原価計算制度においても標準原価計算制度においても、原価管理・利益管理等の目的に寄与するため認められているが、予算編成の過程で実施される特殊原価調査までをも制度として認めるものではない。

① ａｂ　　② ａｃ　　③ ａｄ　　④ ｂｃ　　⑤ ｃｄ

3 実際原価と標準原価

　実際原価と標準原価に関する次の記述のうち、妥当と思われるものの組合せを1つ選択しなさい。

a．予定価格を用いて計算された原価は、原価計算制度において実際原価とはなりえず、標準原価となる。

b．原価計算制度において実際原価とは、異常な消費量も含んだ財貨の実際消費量をもって計算した原価をいう。

c．標準原価が原価管理に役立つのは、それが原価目標として現場管理者を動機づけ、日々の作業を管理できるからであり、実際原価と標準原価を比較して原価差異を算定・分析する必要はない。

d．標準原価は科学的・統計的調査に基づいて計算されたものであるが、そのまま製造原価予算に適用することはできない。

e．理想標準原価は、他の標準原価の指標とはなるが、原価管理上その有用性は低い。

① a、c、e　② a、b、c　③ b、c、d　④ c、d
⑤ d、e

4 実際原価計算制度と標準原価計算制度

　実際原価計算制度と標準原価計算制度に関する以下の文章のうち、正しいものがいくつあるかを選択しなさい。

a．標準原価計算制度では、勘定組織の枠内に実際原価が組み入れられることはない。

b．実際原価計算制度では、勘定組織の枠内に標準原価を組み入れることができる。

c．実際原価計算制度と標準原価計算制度のいずれを採用するのかは、各企業が個々の条件に応じて決めるものであり、両制度の適用は無差別である。

d．実際原価計算制度を採用していても、数量面の差異を勘定組織の枠内で、算定できる場合がある。

e．標準原価計算制度において生じた原価差異を『原価計算基準』に従い適正処理すれば、貸借対照表上の棚卸資産価額は実際原価計算制度によった場合と同額になる。

f．『原価計算基準』では、原価差異の算定・分析の目的を財務諸表作成目的と原価管理目的としている。

　　① 　1個　　　② 　2個　　　③ 　3個　　　④ 　4個　　　⑤ 　5個

5 製品原価と期間原価

次の記述のうち、正しいものの組合せとして妥当なものを下記の選択肢の中から1つを選びなさい。

a．全部原価計算では固定費が製品原価とされるのに対し、直接原価計算では固定費が期間原価とされる。

b．『原価計算基準』によれば、全部原価計算においても直接原価計算においても、販売費および一般管理費は期間原価とされる。

c．『原価計算基準』によれば、全部原価計算ではすべての原価が製品原価とされるのに対し、直接原価計算では変動費が製品原価とされる。

d．『原価計算基準』によれば、売上品の製造原価は、たとえそれが当期の収益と直接対応したとしても製品原価と解されている。

e．一般的に棚卸資産が存在しない場合には、全部原価計算においても直接原価計算においても、固定製造原価は期間原価として収益に対応する。

① a、b、c　　② a、b、e　　③ b、c、d

④ b、d、e　　⑤ c、d、e

6 原価計算のための一般的基準

　次の記述は、『原価計算基準』（大蔵省企業会計審議会中間報告）に規定されている、「原価計算の一般的基準」の一部である。そこで、財務諸表作成に役立つための基準として正しいものの組合せを下記の選択肢から1つ選びなさい。

a．原価の標準は、原価発生の責任を明らかにし、原価能率を判定する尺度として、これを設定する。

b．原価計算において、原価を予定価格等又は標準原価をもって計算する場合には、これと原価の実際発生額との差異は、これを財務会計上適正に処理しなければならない。

c．原価計算は、原価の実績を、標準と対照比較しうるように計算記録する。

d．原価の標準と実績との差異は、これを分析し、報告する。

e．原価計算は、財務会計機構と有機的に結合して行なわれるものとする。

f．原価計算は、原価要素を、機能別に、また直接費と間接費、固定費と変動費、管理可能費と管理不能費の区分に基づいて、分類し、計算する。

g．原価計算は、原価の標準の設定、指示から原価の報告に至るまでのすべての計算過程を通じて、原価の物量を測定表示することに重点をおく。

h．原価の数値は、財務会計の原始記録、信頼しうる統計資料等によって、その信ぴょう性が確保されるものでなければならない。

i．すべての製造原価要素は製品に集計し、また、販売費および一般管理費は、これを当該期間の売上高に対応させる。

j．原価計算は、経営における管理の権限と責任の委譲を前提とし、作業区分等に基づく部門を管理責任の区分とし、各部門における作業の原価を計算し、各管理区分における原価発生の責任を明らかにさせる。

① a、b、c、e、f、h　② c、e、f、h、i　③ a、b、e、f、h
④ b、e、h、i　　　　⑤ c、f、g、h

7 操業度との関連における分類

『原価計算基準』（大蔵省企業会計審議会中間報告）では、操業度との関連における分類を規定しているが、それに関連する以下の記述の中から、正しいものを1つ選択しなさい。

a．変動費は管理可能費で、固定費は管理不能費と判断することができる。

b．操業度が零の場合にも一定額が発生し、同時に操業度の増加に応じて比例的に増加する原価要素を準固定費という。

c．操業度とは、経営の有する能力である生産設備を一定期間変らないものとしておき、その利用度を生産活動量で測ったものである。

d．操業度との関連における分類は、変動予算の設定や、直接原価計算実施の前提となることから、原価管理に最も役に立つ。

e．操業度との関連における分類に従って、原価要素は固定費と変動費に分類され、さらに、キャパシティ・コストとアクティビティ・コストに分類される。

① a　② b　③ c　④ d　⑤ e

8 製品との関連における分類

　製品との関連における分類の目的には、財務会計上の正確な製品原価を算定するという目的のみならず、経営管理目的もあるといわれる。そこで、当該分類とその目的との関係について述べた以下の記述のうち、誤っているものの組合せを1つ選択しなさい。

a．原価の発生が一定単位の製品の生成に関して直接的に認識されるかどうかにより、原価要素は直接費と間接費に分類されることになり、財務会計上の正確な製品原価の算定に役立つ。

b．この分類を行えば、特に標準原価計算において、標準原価と実際発生額の比較可能性を高らしめることができ原価管理に役立つ。

c．原価の発生が製品単位の製造に対して比例的かどうかにより直接費と間接費に分類することによって、原価管理目的に役立たせることができる。

d．この分類は経営管理目的を前提として、特に個別原価計算や組別総合原価計算において重要な分類であり、単純総合原価計算や等級別総合原価計算においては重要性が乏しい。

e．この分類によっても製品が1種類である場合には、全てが直接費であるかのように考えられるため、原価管理には役立たないと考えられる。

　① ａｂ　② ｂｃ　③ ｃｄ　④ ｄｅ　⑤ ｅａ

9 原価の製品別計算

原価の製品別計算に関する次の記述のうち、妥当と思われるものの組合せを下記の選択肢の中から1つ選び、記号で答えなさい。

a．製造原価の製品別計算とは、最初に費目別に分類測定され、次いで原価部門別に分類集計された製造原価要素を、製品別に分類集計し単位製品の製造原価を計算する手続であり、原価計算手続のうち、その適用が時間的に最後になる計算段階である。

b．工程別総合原価計算に関する限り、部門別計算と製品別計算の手続的な区分の実質的な意味はなくなる。

c．製造原価の製品別計算は、原価計算手続における最終の計算段階である。それ故、製造原価要素を集計する単位、すなわち原価集計単位は、その事業の目的とする最終製品または用役のみに限られ、それは、製品の個数、重量、面積、キロワット時その他の度量衡単位をもって示される。

d．製造原価の製品別計算は、財務諸表作成のための原価資料の提供という原価計算に課された1つの基本的な任務を果たす計算段階であるとともに、製品の価格計算や経営計画の設定に必要な原価資料を提供するという任務をも果たす計算段階でもある。

e．原価の製品別計算は、財務諸表作成目的の観点からは、原則として製造原価についてのみ実施され、販売費および一般管理費の計算は、費目別計算の段階までにとどまる。

① a、b、d、e　　② a、c、d、e　　③ a、b、c
④ b、d、e　　　⑤ d、e

第2章 費目別計算

10 材料購入原価の計算

　当社では、主要材料Mを用いて製品の製造を行っている。これまでは、材料の購入代価に材料副費の実際額を加算した金額によって材料Mの購入原価を計算していたが、このたび、引取費用以外の材料副費については購入代価を基準として予定配賦することにした。材料Mに関する以下の〔資料〕に基づいて、問1および問2に対する答えとして正しい組み合わせの番号を1つ選びなさい。

〔資料〕

1. 材料Mの当月送り状価額　2,460,000円

2. 材料副費の当月実際発生額

　　買入手数料　7,700円　　関　　税　8,600円　　検 収 費　7,400円

　　購入事務費 16,800円　　引取運賃 14,100円　　保 管 料 14,800円

　　保 険 料　5,900円

3. 予定配賦する材料副費の年間予定発生額　468,000円

4. 材料Mの年間予定購入代価　31,200,000円

問1　材料の購入原価に含める材料副費の範囲をわが国「原価計算基準」に従い、従来の方法で材料Mの購入原価を計算した場合、材料Mの実際購入原価として適切でないものはどれか。

　　ア．2,496,300円　　イ．2,513,100円　　ウ．2,526,700円

問2　新しい方法で、材料の実際購入原価を計算した場合、材料副費配賦差異
はいくらか。
ア．2,100円（不利差異）　　イ．8,000円（不利差異）
ウ．38,400円（不利差異）

	①	②	③	④	⑤
問1	ア	イ	イ	ウ	ウ
問2	ア	ア	イ	ア	ウ

11 棚卸減耗損と材料消費価格差異の計算

次の〔資料〕に基づき、(1)材料消費価格差異と(2)棚卸減耗損を算定し、正しい金額の組合せを1つ選びなさい。

〔資料〕

1. 5月の材料受払記録（金額単位は円、数量単位は個）

日　付	摘　　　　要	数　量	単　価	金　額
1	前　月　繰　越	100	1,000	100,000
3	入　　　　庫	200	1,010	202,000
8	返　　　　品	10		
11	出　　　　庫	130		
12	入　　　　庫	400	1,030	412,000
18	入　　　　庫	300	1,040	312,000
20	値引(12日入庫分)			2,000
23	出　　　　庫	360		
26	戻入(11日出庫分)	15		
31	実　地　棚　卸　量	512		

2. 材料予定消費価格　1,012円／個

3. 材料の実際消費価格は先入先出法によって計算している。

① (1) 1,100円（不利差異）　(2) 3,020円

② (1) 1,100円（不利差異）　(2) 3,030円

③ (1) 1,150円（不利差異）　(2) 3,040円

④ (1) 1,150円（不利差異）　(2) 3,030円

⑤ (1) 1,200円（不利差異）　(2) 3,020円

12 直接工の賃金計算

　次に示す、直接工の賃金に関する〔**資料**〕を参考にして、当月の賃金勘定の記入を下記に示す空欄に従って行うとき、どこの空欄にも当てはまらない金額はどれか、正しいものを１つ選びなさい。

〔資料〕

　1．直接工賃金の年間予算

　　　　基本給予定額　　1,872,000円　　　予定総就業時間　　　2,400 h

　　　　加給金予定額　　　　48,000円

　2．当月の直接工賃金と作業時間の構成

　　⑴　基本給　　157,000円　　　加給金　　　2,000円

⑵	9／21〜9／30	10／1〜10／20	10／21〜10／31
加 工 時 間	56　h	112　h	58　h
段 取 時 間	3　h	？　h	3　h
間接作業時間	4　h	10　h	5　h
手 待 時 間	2　h	？　h	1　h
実 働 時 間	63　h	127　h	66　h
就 業 時 間	65　h	131　h	67　h

　　　　　（注）給与計算期間 9／21〜10／20　原価計算期間10／1〜10／31

賃　　　　　金　　　（単位：円）

10/25 諸　　　口 ☐		10/1 未 払 賃 金 ☐	
10/31 未 払 賃 金 ☐		10/31 仕 掛 品 ☐	
		〃 製造間接費 ☐	
		〃 賃 率 差 異 ☐	
	212,600		212,600
		11/1 未 払 賃 金 ☐	

① 142,400円
② 16,000円
③ 52,000円
④ 157,000円
⑤ 2,200円

13 賃率差異の計算

　当社の次の〔資料〕に基づいて、機械工と組立工の職種別予定平均賃率を求めた上で、機械工と組立工の賃率差異の合計を計算し、正しいものを1つ選びなさい。

〔資料〕

1. 当期の労務費の年間予算データ

　①予定直接作業時間

| | 機械工 | 9,600 h | 組立工 | 8,400 h |

　②基本給

| | 機械工 | 9,600,000円 | 組立工 | 9,480,000円 |

　③残業手当

| | 機械工 | 5,310,000円 | 組立工 | 3,960,000円 |

　④危険作業手当

| | 機械工 | 4,050,000円 |

　⑤家族手当

| | 機械工 | 3,000,000円 | 組立工 | 2,040,000円 |

　⑥従業員賞与手当

| | 機械工 | 3,600,000円 | 組立工 | 2,160,000円 |

　（注）月間予算は年間予算の1/12とする。

2. 当月の直接作業時間データ（原価計算期間は4月1日から同30日、給与支払期間は3月21日から4月20日である。）

	3月21日～同31日	4月1日～同20日	4月21日～同30日
機械工	264 h	537 h	270 h
組立工	238 h	470 h	233 h
	502 h	1,007 h	503 h

3．当月の労務費現金支払額

　　　機械工　　1,853,975円

　　　組立工　　1,290,600円

　　　（注）危険作業手当、家族手当については予算通り支払われた。

4．賞与について

　　賞与は年1回、12月支給のため、当月は賞与引当金に 480,000円繰り入れた。

　　①　16,050円（不利差異）　　②　　9,800円（不利差異）

　　③　　5,113円（不利差異）　　④　34,621円（有利差異）

　　⑤　　7,545円（不利差異）

14 経費計算の方法

次の〔資料〕に基づき、当月経費実際発生額を求め、選択肢より正しいものを選びなさい。

〔資料〕

- 厚生費支払額　　50,000円（前月未払額　8,000円、当月未払額　7,000円）
- 従業員賞与　　　80,000円
- 外注加工賃　　120,000円
- 棚卸減耗費　　　　850円
- 仕損費　　　　　2,000円
- 年間保険料　　300,000円
- 減価償却費　　　機械取得価額：2,000,000円、耐用年数：5年、残存価額：取得価額の10％であり、定額法により減価償却を行う。
- 電力料支払額　　4,500円（うち、基本料500円）
  これは、検針日（毎月25日）の測定値による支払額であり、原価計算期間は毎月1日〜末日である。ただし、従量単価は毎月一定である。

前月25日	12,350kw	前月末	12,484kw
当月25日	13,950kw	当月末	14,064kw

① 228,450円　　② 231,300円　　③ 311,300円　　④ 561,300円

⑤ 561,450円

15 費目別計算

　次の工場関連の〔**資料**〕に基づいて、当月の間接労務費、賃率差異、間接経費に関する計算結果として正しい金額の組合せを示す番号を一つ選びなさい。なお、計算に当たっては、わが国の「原価計算基準」に従うものとする。

〔資料〕

1．直接工のデータ

　(1)　当月勤務時間

加工時間	8,200時間	間接作業時間	470時間
段取時間	630時間	手待時間	190時間
定時休憩時間	800時間	職場離脱時間	210時間

　(2)　年間予定賃率：@1,500円

　(3)　当月賃金支払額：14,250,000円

　　　なお、直接工への実際賃金支払は、前月21日から当月20日までの給与計算期間としており、前月21日から前月末日までの賃金未払額は4,750,000円であった。また、当月21日から当月末日までの賃金未払額は4,732,000円である。

2．間接工のデータ

　(1)　当月基本賃金：9,970,000円

　(2)　当月残業時間：920時間

　(3)　残業手当の実際割増賃金：@400円

3．その他の当月のデータ

　(1)　工場関連給料：1,325,000円

　(2)　従業員賞与引当金繰入額：1,480,000円

　(3)　従業員退職給付費用：1,020,000円

　(4)　法定福利費：350,000円

　(5)　福利施設負担額：210,000円

(6)　外注加工賃：1,560,000円

(7)　原料棚卸減耗損：95,000円

(8)　通信費：350,000円

(9)　従業員レクリエーション費：250,000円

(10)　設備保険料：180,000円

(11)　工場土地賃借料：220,000円

(12)　設備減価償却費：1,850,000円

(13)　電力料・ガス代・水道料：675,000円

	間接労務費	賃率差異	間接経費
①	15,363,000円	3,000円（有利差異）	3,275,000円
②	14,863,000円	3,000円（有利差異）	3,370,000円
③	15,503,000円	3,000円（有利差異）	3,830,000円
④	15,503,000円	33,000円（不利差異）	5,040,000円
⑤	14,653,000円	33,000円（不利差異）	5,390,000円

製造間接費の差異分析

次の〔資料〕にもとづき、当月の製造間接費についての計算を行い、ア～オの記述のうち、正しいと思われるものの個数を答えなさい。

〔資料〕

1．予定配賦のデータ

　(1)　当月製造間接費予算額

　　　①　固定費：689,500円

　　　②　変動費：500,500円

　(2)　当月基準操業度：7,000直接作業時間

2．実績データ

　(1)　当月製造間接費実際発生額：1,171,700円（固定費は、予算通り発生した。）

　(2)　当月実際直接作業時間：6,600 h

ア．当月の操業度差異は、28,600円の不利差異である。

イ．当月の予定配賦額は、1,161,400円である。

ウ．当月の予算差異は、10,300円の不利差異である。

エ．当月の予算許容額は、1,122,000円である。

オ．当月の予定配賦率は、170円/hである。

　①　1個　　　②　2個　　　③　3個　　　④　4個　　　⑤　5個

17 操業度の諸概念

問1 基準操業度に関する以下の記述について、妥当と思われるものの組合せを下記の選択肢の中から1つ選びなさい。

1．種　類
　a．最大操業度（理論的生産能力）
　b．実現可能操業度（実際的生産能力）
　c．正常操業度（長期平均操業度）
　d．短期予定操業度（短期平均操業度、予算操業度）

2．意　義
　a．生産と販売の長期的均衡を考慮した操業度水準である。
　b．理論上計算できる生産能力であり、理想状態でしか達成できない操業度水準である。
　c．次年度において予測される必要生産量から算定される操業度水準である。
　d．不可避的な作業休止による生産量の減少部分を考慮した操業度水準である。

3．棚卸資産評価に際して選択されるケース
　a．景気循環期間の平均的な製品原価を算定すべきと考えられるケース。
　b．年度末の配賦差額を吸収する製品原価を算定すべきと考えられるケース。
　c．設備された生産能力の程度によって製品原価を算定すべきと考えられるケース。
　d．一般に選択されることはない。

	1	2	3
①	b	b	a
②	d	a	b
③	a	d	d
④	c	a	c
⑤	b	d	c

問2 算定される操業度差異が不働能力差異（遊休能力差異）を示す操業度を下記の選択肢の中から1つ選びなさい。

① 最大操業度（理論的生産能力）

② 実現可能操業度（実際的生産能力）

③ 正常操業度（長期平均操業度）

④ 短期予定操業度（短期平均操業度、予算操業度）

⑤ 上記①〜④以外の操業度

18 原価部門の設定方法と部門に集計する原価要素の範囲

次のア～キの文章は、原価の部門別計算における原価部門の設定方法並びに設定された部門に集計する原価要素の範囲について示しているが、この中で妥当でないと思われるものを文章を3つ選び、その組み合わせの正しい番号を1つ選びなさい。

ア．製造部門とは、直接製造作業の行われている部門をいう。従って副産物の加工などを行ういわゆる副経営については、製造部門とは別に補助部門に準ずるものとして規定されている。

イ．加工費工程別総合原価計算においては、原料費は工程別に把握されない。従って原料費が原価管理上、もしくは製品原価の正確な計算上重要な企業においては適用すべきではない。

ウ．補助部門とは、製造部門に対して補助的関係にある部門をいい、補助経営部門と補助管理部門とに区分される。

エ．個別原価計算においては、直接費は指図書別に把握しているため、正確な製品原価の算定のために、直接費をわざわざ部門に集計する必要はない。

オ．補助経営部門の代表例として、動力部、修繕部、工具製作部等があるが、これらの部門が計算上製造部門として取り扱われることがある。

カ．個別原価計算においては加工費を部門に集計することがあるが、これは直接

労務費を指図書や製品ごとに管理するよりも、部門ごとに管理したほうが、より高い効果が期待されるからである。

キ. 原価部門の設定は企業において実際に存在する部門に拘束される。したがって、企業が有する経営上の部門数と原価部門の数は常に一致する。

① アエオ　　② アウキ　　③ イエキ　　④ エカキ　　⑤ エウオ

19 部門別計算の意義

次の『原価計算基準』（大蔵省企業会計審議会中間報告）の規定の空欄にあてはまる語句として正しいものの組合せを下記の選択肢の中から1つ選びなさい。

1. 原価の部門別計算とは、（　ア　）計算において把握された原価要素を、（　イ　）に分類集計する手続をいい、原価計算における（　ウ　）の計算段階である。

2. 原価部門とは、原価の発生を（　エ　）、（　オ　）に管理するとともに、（　カ　）ために、原価要素を分類集計する（　キ　）の区分をいい、これを諸製造部門と諸補助部門とに分ける。

3. 原価要素は、これを原価部門に分類集計するにあたり、当該部門において発生したことが、（　ク　）に認識されるかどうかによって、部門（　ケ　）と部門（　コ　）とに分類する。

4. 部門（　サ　）であって、（　シ　）に関して発生し、（　ス　）の得がたいものは、これを一般費とし、（　セ　）として処理することができる。

5. 一部の（　ソ　）費は、必要ある場合には、これを（　タ　）に配賦しないで直接に（　チ　）に配賦することができる。

①	(ｱ) 費目別	(ｴ) 機能別	(ｸ) 直接的	(ｻ) 個別費	(ｿ) 補助部門
②	(ｲ) 原価部門別	(ｵ) 責任区分別	(ｹ) 個別費	(ｼ) 工場全般	(ﾀ) 製造部門
③	(ｳ) 第二次	(ｷ) 職制上	(ｸ) 共通費	(ｻ) 共通費	(ﾁ) 製品
④	(ｱ) 費目別	(ｷ) 計算組織上	(ｹ) 個別費	(ｾ) 製造部門費	(ｿ) 補助部門
⑤	(ｲ) 責任区分別	(ｵ) 機能別	(ｺ) 共通費	(ｾ) 補助部門費	(ﾀ) 製造部門

20 製造部門費の予定配賦率の計算

　次の〔資料〕に基づき、当月に組立部及び仕上部の予定配賦率を計算し、正しい組み合わせを1つ選びなさい。ただし、基準操業度として、組立部は機械稼働時間、仕上部は直接作業時間を採用しており、補助部門費の製造部門への配賦は階梯式配賦法によっている。

〔資料〕

1．部門個別費月間予算額

	（組立部）	（仕上部）	（動力部）	（総務部）	（修繕部）
予　　算　　額	8,500,000円	6,600,000円	980,000円	770,000円	680,000円

2．部門共通費月間予算額

建物減価償却費　1,600,000円

3．建物占有面積

	（組立部）	（仕上部）	（動力部）	（総務部）	（修繕部）
占　有　面　積	360㎡	240㎡	75㎡	50㎡	75㎡

4．補助部門費の配賦基準

	（組立部）	（仕上部）	（動力部）	（総務部）	（修繕部）
動 力 使 用 量	90万 kw/h	78万 kw/h	－	－	12万 kw/h
従 業 員 数	45人	30人	7人	3人	5人
修 繕 時 間	120rh	80rh	15rh	－	－

5．月間基準操業度

	（組立部）	（仕上部）
機 械 稼 働 時 間	4,400時間	4,142時間
直 接 作 業 時 間	4,930時間	3,800時間

（単位：円／時間）

	①	②	③	④	⑤
組 立 部	2,465	4,836	2,200	4,841	2,463
仕 上 部	2,180	4,066	2,000	4,060	2,182

21 補助部門費の配賦計算

以下の〔ケースA〕と〔ケースB〕に基づき、問1および問2に対する解答として正しい組み合わせを示す番号を1つ選びなさい。

〔ケースA〕

1. 補助部門費

     運搬部門費　1,560,000円　　　　修繕部門費　1,650,000円

2. 補助部門費の配賦基準

	（甲製造部門）	（乙製造部門）	（丙製造部門）	（運搬部門）	（修繕部門）
運搬回数	40回	50回	30回	－	10回
修繕時間	250時間	200時間	100時間	50時間	30時間

3. 補助部門費の製造部門への配賦方式

     直接配賦法から相互配賦法（ただし、第二次配賦には直接配賦法を適用する）に変更する。

〔ケースB〕

1. 補助部門費

     動力部門費：変動費　750,000円　　　固定費　800,000円

2. 補助部門費の配賦基準

	（第1製造部門）	（第2製造部門）	（第3製造部門）	（第4製造部門）	（第5製造部門）
実際消費量	50千kwh	70千kwh	40千kwh	30千kwh	60千kwh
消費能力	60千kwh	100千kwh	40千kwh	40千kwh	80千kwh

3. 補助部門費の製造部門への配賦方式

     実際消費量に基づく単一基準配賦法から複数基準配賦法へ変更する。

問1　ケースAの変更によって配賦額が増加するのはどの製造部門か。

　ア．甲　　イ．乙　　ウ．丙　　エ．乙と丙

問2 ケースBの変更によって配賦額が減少するのはどの製造部門か。

ア．第1と第3　　イ．第1と第5　　ウ．第2と第5　　エ．第3と第4

	問1	問2
①	ア	イ
②	イ	エ
③	ウ	エ
④	エ	ア
⑤	エ	ウ

22 複数基準配賦法と差異分析

当社では、2つの製造部門（機械部・組立部）と1つの補助部門（動力部）とを設定している。そこで次の〔資料〕に基づき、下記の諸問に答えなさい。なお、当社は基準操業度として実現可能操業度を採用している。

〔資料1〕動力部門費

月次変動予算　　12,000千円（うち固定費予算額8,400千円）

当月実際発生額　12,040千円（固定費は予算どおり発生）

〔資料2〕補助部門配賦基準

	機械部	組立部
用役消費能力	140kw	160kw
実際用役消費量	120kw	160kw

問1　動力部門費の予算許容額を複数基準により製造部門に配賦した場合、機械部と組立部に配賦される動力部門費配賦額は、それぞれいくらになるか。妥当な組合せを下記の選択肢の中から1つ選びなさい。

	機械部	組立部
①	4,800千円	6,400千円
②	5,360千円	6,400千円
③	5,480千円	6,400千円
④	5,360千円	6,560千円
⑤	5,480千円	6,560千円

問2　さらに動力部門で把握される原価差異額はいくらになるか、下記の①〜⑤より選びなさい。但し、－は不利差異を示している。

①　－40千円　　②　280千円　　③　－280千円　　④　840千円

⑤　－840千円

23 補助部門費の配賦方法

当社は原価の部門別計算を行い、製造部門費を予定配賦しているが、目下、補助部門費については固定費・変動費を区分することなく、その実際発生額を、補助部門の用役を消費した量にもとづき、関係部門に配賦している。そこで当社の配賦につき、改善点ないし問題点を指摘した以下の記述のうち、正しくないと考えられるものを1つ選びなさい。

① 補助部門固定費は、補助部門における用役提供能力の維持・準備のために発生する費用である。それに対し、補助部門変動費は、関係部門の補助部門用役の利用度に応じて増減する費用である。従って各々異なる配賦基準を使用して配賦すべきである。

② 補助部門費の実際発生額は、補助部門における原価管理活動の影響がそのまま反映されている。従って、実際発生額の中から、補助部門における原価管理活動の良否をあらわす金額を控除して、関係部門に配賦すべきである。

③ 補助部門費の実際発生額を配賦すると、当該発生額は、その時々の操業状態の偶然的な影響を受けたものであるため、製品原価の金額に大きな変動を及ぼすことになる。従って補助部門費の予定配賦率を設定して配賦すべきである。

④ 仮に補助部門費を実際配賦でなく予定配賦したとしても、関係部門の操業実績の良否の影響による操業度差異が補助部門に残されてしまうため、補助部門の変動費についてのみ予定配賦率を使用すべきである。

⑤ 補助部門の固定費は、関係部門の実際用役消費量とは無関係に毎期一定額発生するので、これを変動費と同じ補助部門の実際用役消費量で配賦すれば、特定の関係部門への補助部門固定費の配賦額がその他の関係部門における補助部門用役の消費の多寡により左右されてしまう。

第 4 章
個別原価計算

24 個別原価計算による計算①

　２つの工程を持ち部門別個別原価計算を採用する某社の当月の生産に関する以下の〔資料〕を参考にして、『原価計算基準』（大蔵省企業会計審議会中間報告）に基づき、諸問に答えなさい。

〔資料〕

　１．当月の生産に関する製造指図書

　　#100：当月中に着手し、月末現在仕掛中である。

　　#200：前月中に着手し、当月中に完成した。

　　#300：当月中に着手し、当月中に完成した。

　　#400：当月中に着手し、当月中に完成した。

　　#101：#100につき補修可能な仕損が発生したため発行した製造指図書である。

　　#201：#200の全部が補修不能な仕損となったために発行した製造指図書である。

　　#301：#300の一部が補修不能な仕損となったために発行した製造指図書である。

　２．各製造指図書の原価に関する資料

　　(1)　直接材料費

当社は、直接材料費については予定価格を用いて原価を把握している。当月の予定価格は100円／kgである。

(2) 直接労務費

当社は、直接労務費については工程別予定賃率を用いて原価を把握している。当月の予定賃率は、第一工程が900円／hであり、第二工程が600円／hである。

(3) 製造間接費

当社は、製造間接費については、機械稼働時間を配賦基準として算定された工程別予定配賦率を用いて原価を把握している。当月の予定配賦率は、第一工程が500円／hであり、第二工程が400円／hである。

(4) 当月の実績

	#100	#200	#300	#400	#101	#201	#301
直接材料消費量	490kg	230kg	680kg	550kg	―	650kg	120kg
直接作業時間 第一工程 第二工程	30 h 14 h	― 22 h	60 h 55 h	35 h 40 h	― 15 h	50 h 45 h	10 h 15 h
機械稼働時間 第一工程 第二工程	35 h 20 h	― 25 h	65 h 60 h	40 h 45 h	― 20 h	55 h 50 h	15 h 20 h

3．その他の資料

(1) #400については新指図書を発行しなかったが、仕損が発生しており、その金額を見積もったところ80,000円であった。

(2) #200、#300に関しての仕損品の評価額はそれぞれ50,000円、3,500円と見積もられた。

(3) #200に関する前月末までの原価発生額は、95,000円である。

問 1 当月の月末仕掛品原価、完成品原価の組合せとして正しいものを選びなさい。

① 126,900円、482,000円   ② 109,900円、757,700円

③ 126,900円、677,700円   ④ 109,900円、677,700円

⑤ 126,900円、757,700円

問 2 当月の仕損費の金額として正しいものを選びなさい。

① 283,700円   ② 230,200円   ③ 203,700円   ④ 150,200円

⑤ 273,500円

25 個別原価計算による計算②

　当社は、同種類で仕様の異なる製品Aと製品Bをロット別に製造販売を行っている。製造に必要な直接材料は製造着手時に必要量を全量投入している。直接労務費は800円／時間により計算し、製造間接費は直接作業時間を基準として予定配賦率500円／時間により計算している。以下の〔**資料**〕に基づき、ⅰ）通常のロット別個別原価計算を前提とした場合と、ⅱ）以前より分割納入制を採用していた場合の３月の完成品総合原価として正しい金額を示す番号を１つ選びなさい。

〔資料〕

1. 各ロットの製造および原価データ

ロット番号	A-11	B-11	A-12	B-12
注文数量	200個	320個	400個	160個
前月投入分				
直接材料費	75,000円	100,000円	－	－
直接作業時間	80時間	300時間	－	－
当月投入分				
直接材料費	－	－	148,000円	50,800円
直接作業時間	126時間	310時間	216時間	180時間
備　　　　考	・2月3日着手 ・2月末 　全て仕掛中 　(加工進捗度40%) ・3月末 　全て完成	・2月8日着手 ・2月末 　160個完成 　160個仕掛中 　(加工進捗度50%) ・3月末 　全て完成	・3月6日着手 ・3月末 　200個完成 　200個仕掛中 　(加工進捗度50%)	・3月9日着手 ・3月末 　全て仕掛中 　(加工進捗度60%)

2. 分割納入制を採用していた場合の計算データ

(1) 仕掛品1個が負担する直接材料費は、完成品1個が負担する直接材料費と同等として計算する。

(2) 仕掛品1個が負担する加工費は、製品製造の加工進捗度に応じて発生するものとして計算する。

(金額単位：円)	①	②	③	④	⑤
ⅰ) ロット別個別原価計算	1,235,800	1,497,000	1,187,000	1,235,800	1,187,000
ⅱ) 分割納入制	1,187,000	1,235,000	1,187,000	1,497,000	1,235,000

当製作所では、受注生産形態のため、製造指図書別の個別原価計算を採用している。受注製品に応じて材料に特殊な加工作業が必要なため、この加工については外部業者に依頼している。当製作所における外注加工に関する仕訳（一部抜粋である）ア～エのうち明らかに誤っている仕訳が二つある。その記号の組合せを示す番号を一つ選びなさい。

〔資料〕

1．外部業者A社との契約

A社には材料A（1個当たり購入原価100円）の外注加工を依頼している。材料AをA社に無償で支給しており、加工に失敗して不合格品が出た場合には、支給材料分は当製作所が、加工賃分はA社が負担する契約を交わしている。加工賃は材料A1個当たり20円である。材料の支給の際には、あらかじめ通常の出庫票で材料を出庫させておき、その出庫額を関係する原価計算表に記入している。そして材料を無償で支給するときに、外注加工品受払帳にその交付記録をつけておく。加工が完了し、加工品が納入されたときは、外注加工品受払帳に受入記録を行うとともに、加工品を直ちに製造現場へ引き渡している。当製作所では、これらの資料に基づき、外注加工賃を月末に一般仕訳帳で合計仕訳を行っている。今月は材料Aを10個依頼し、全て合格品であった。

（単位：円）

ア．（借）（外注加工賃）　200　（貸）（買　掛　金）　200
　　　　　（仕　掛　品）　200　　　　（外注加工賃）　200

イ．（借）（部　　　品）1,200　（貸）（材　　　料）1,000
　　　　　　　　　　　　　　　　　　　（外注加工賃）　200

2．外部業者B社との契約

B社には材料B（1個当たり購入原価200円）の外注加工を依頼している。

材料BをB社に有償で支給しており、加工の終わった部品を買い取る契約を交わしている。支給価格は材料の購入原価に10％を上乗せした価格である。加工賃は材料B１個当たり20円である。材料の支給の際には、材料は通常の出庫票ではなく外注出庫票を利用し、材料元帳には原価で払出・残高を記録するとともに、外注出庫票により、外注加工品受払帳の交付材料原価、交付材料差益、支給価額にそれぞれ記入している。加工が完了し、加工品が納入されたときは、外注加工品受払帳に受入記録を行う。今月は材料Bを10個依頼した。

(単位：円)

ウ． （借）（部品）　2,200　（貸）（買　掛　金）　2,200

エ． （借）（材料）　　200　（貸）（交付材料差益）　　200

① アイ　　② アウ　　③ アエ　　④ イウ　　⑤ イエ　　⑥ ウエ

27 個別原価計算による計算④

　当工場は数種類の製品を受注生産している。全て当月から生産を開始しており、当月に生産した製品の製造指図書は、#1001、#1002、#1003の3種類である。#1001についてはその全部が異常な原因により仕損となったため、代品製作に係る製造指図書#1011を発行した。#1002の製造途上において補修可能な仕損が発生したために、補修に係る製造指図書#1012を発行した。また、#1003については、その製造途上において仕損が発生したが、軽微なため仕損に関する製造指図書は発行せず、仕損品評価額を控除するにとどめた。

　仕損品評価額は、#1001に関して60,000円、#1003に関して22,000円存在した。#1002に関して作業屑が15kg発生しており、当該評価額は直接材料費から控除するものとする。また、#1003に関して作業屑が20kg発生しており、当該評価額は製造原価から控除するものとする。作業屑の評価額は1kg当たり20円であった。

　当月末現在、#1011と#1003は完成しているが、#1002は仕掛中である。

　以下の〔資料〕に基づき、仕掛品勘定の空欄（　①　）～（　⑤　）に入る金額の組合せとして正しい番号を一つ選びなさい。

〔資料〕

1．指図書別データ

	#1001	#1002	#1003	#1011	#1012
直接材料消費量	4,200kg	5,300kg	4,800kg	4,300kg	—
実際機械運転時間	250時間	360時間	200時間	260時間	50時間

（注）直接材料の予定消費価格は100円／kgであった。

2．加工費について

　以下のデータに基づいて、予定配賦を行っている。

(1)　当月達成可能最大操業度（機械運転時間）：1,500時間

(2)　当月予算操業度：(1)の80%

(3)　当月加工費予算：720,000円

3. 仕掛品勘定の記帳について（単位：円）

仕 掛 品

材　　　料	（　？　）	製　　　品	（　①　）
加　工　費	（　？　）	作　業　屑	（　②　）
仕　掛　品	（　？　）	仕　損　品	（　③　）
		異常仕損費	（　④　）
		仕　掛　品	（　？　）
		次 月 繰 越	（　⑤　）
	（　？　）		（　？　）
前月繰越	（　？　）		

①	①1,361,700	②700	④570,000
②	①1,163,600	③82,000	⑤745,700
③	①1,163,600	②700	④510,000
④	①1,361,700	③82,000	⑤775,700
⑤	②400	③22,000	⑤775,700

第5章

総合原価計算

28 単純総合原価計算①

当社の次の〔資料〕に基づき、月末仕掛品原価の計算方法として平均法によった場合と先入先出法によった場合の完成品総合原価の差額を計算しなさい。

〔資料〕

1．生産データ及び原価データ

		原 料 費	加 工 費
月初仕掛品数量	1,100kg（80%）	660,000円	800,400円
当 月 投 入 量	2,000kg	1,200,000円	1,479,000円
投 入 量 合 計	3,100kg	1,860,000円	2,279,400円
異 常 仕 損	200kg（10%）		
正 常 仕 損	100kg（80%）		
月末仕掛品数量	800kg（65%）		
完 成 品 数 量	2,000kg		

注）1．原料は、工程の始点で投入されている。

2．（　）内は、加工進捗度の数値である。

2．計算上の条件

(1) 正常仕損費を月末仕掛品にも負担させるか否かは、仕損の発生点によって判断している。なお、正常仕損費を、月末仕掛品にも負担させる場合は、

度外視法によって計算する。

(2) 異常仕損費は、良品とみなされないため、正常仕損費は負担させない。

(3) 正常仕損品及び異常仕損品の評価額はともに229.4円／kgである。なお、度外視法により、正常仕損費を月末仕掛品にも負担させる場合、正常仕損品の評価額の50％ずつをそれぞれ原料費と加工費から控除する。

① 4,101円　② 10,800円　③ 4,501円　④ 7,651円　⑤ 10,400円

29 単純総合原価計算②

当社は、製品Xを生産しており、単純総合原価計算を採用している。そこで、次の〔資料〕に基づき、製品Xの完成品単位原価を計算し、正しいものを1つ選びなさい。

〔資料〕

1. 生産データ

月初仕掛品量	300kg	（40％）
当月投入量	3,500kg	
投入量合計	3,800kg	
当月完成品量	3,200kg	
当月正常減損量	200kg	（20％）
当月正常仕損量	100kg	（60％）
月末仕掛品量	300kg	（80％）
産出量合計	3,800kg	

（注）（　）内の数値は加工進捗度を表す。

2. 原価データ

月初仕掛品原価		当月製造費用	
A原料費	306,200円	A原料費	3,570,000円
加工費	240,200円	B原料費	1,260,000円
合計	546,400円	C原料費	1,107,300円
		D原料費	1,196,800円
		加工費	7,455,600円
			14,589,700円

3．その他のデータ

ア．原価配分は先入先出法によって行う。

イ．A原料は始点で投入され、B原料は工程の0.55の地点で投入され、C原料は工程の0.9の地点で投入されている。また、D原料は工程の0.5の地点から工程の終点まで平均的に投入されている。なお、追加的に投入した原料によって、製品は増量しない。

ウ．正常減損費、正常仕損費の処理、計算は非度外視法による。

エ．正常減損費は、良品（完成品もしくは月末仕掛品）を生産するために発生した原価であるとの考えに基づき、その負担計算を行っている。

オ．正常仕損品の評価額は、1 kgあたり60.4円である。

カ．計算の結果、端数が生じる場合については、円位未満を四捨五入している。

①　4,402円／kg　　②　4,416円／kg　　③　4,419円／kg

④　4,400円／kg　　⑤　4,500円／kg

30 累加法及び予定原価法による工程別総合原価計算

　当社では、工程別総合原価計算によって製品原価の計算を行っている。そこで以下の〔資料〕を参考にして、諸問に答えなさい。なお、工程別総合原価計算の方法は、累加法によって実施している。

〔資料〕

　1．第1工程

　　(1)　当月の生産データと原価データ

		原料費	加工費
月初仕掛品	450kg（0.8）	33,810円	16,200円
当 月 投 入	9,400kg	690,000円	420,900円
合 計	9,850kg		
減 損	200kg（0.2）		
月末仕掛品	350kg（0.6）		
工程完了品	9,300kg		

　　　(注)　カッコ内は加工進捗度を示す（以下同様）。

　　(2)　その他

　　　①　月末仕掛品の評価は、先入先出法による。

　　　②　減損に関わる費用は、月末仕掛品と工程完了品に自動的に負担させる。

　　　③　原料は工程の始点で投入される。

　　　④　工程完了品はすべて第2工程の始点に投入される。

　2．第2工程

　　(1)　当月の生産データ

月初仕掛品	450個（0.4）
当 月 投 入	1,500個
合 計	1,950個
仕 損 品	10個

月末仕掛品 _300個_ (0.5)

完 成 品 _1,640個_

(注) 第2工程の始点において、振替品1個につき1kgの原料を追加投入
している。この追加原料は単なる付着品であるので、追加投入によ
り製品の数量自体は増加しない。

(2) 原価データ

	原料費	前工程費	加工費
月初仕掛品	9,000円	336,600円	24,300円
当月製造費用	31,500円	? 円	226,800円

(3) その他

① 月末仕掛品の評価は、先入先出法によっている。

② 仕損品は終点で発生しているため、その費用はすべて完成品に負担さ
せる。なお、仕損品の評価額は、総額で900円と見積もられた。

問1 第1工程の月末仕掛品原価はいくらになるか答えなさい。なお、計算の結
果端数が出るときは円位未満の金額を切り捨てること。

① 35,910円 ② 36,800円 ③ 35,309円 ④ 35,904円 ⑤ 35,330円

問2 第2工程の完成品単位原価はいくらになるか答えなさい。なお、計算の結
果端数が出るときは円位未満第2位を四捨五入すること。

① 914.2円／個 ② 914.3円／個 ③ 914.5円／個

④ 914.6円／個 ⑤ 915.2円／個

31 非累加法による工程別総合原価計算

当社では、工程別総合原価計算（非累加法）によって製品原価の計算を行っている。次の〔資料〕に基づいて、通常の計算方式で計算した完成品総合原価と、改正計算方式で計算した完成品総合原価との差を求め、正しいものを1つ選びなさい。

〔資料〕

1．生産データ

	第1工程	第2工程
月初仕掛品量	80kg（1/2）	40kg（2/5）
当月投入量	370kg	360kg
計	450kg	400kg
月末仕掛品量	60kg（1/2）	30kg（4/5）
減損量	30kg（2/3）	40kg（1/2）
工程完了品量	360kg	330kg

（注）原料は第1工程の始点でのみ投入している。（　）内の数値は、加工進捗度を示している。

2．原価データ

	第 1 工 程		第 2 工 程
	原 料 費	加 工 費	加 工 費
月初仕掛品原価			
第1工程	509,080円	687,000円	－
第2工程	282,240円	797,040円	341,000円
当月投入原価	2,348,600円	5,955,000円	3,014,035円

3．その他

ア．第2工程の減損は工程を通じて平均的に発生したものである。

イ．発生した減損はすべて正常なものであり、減損費の処理は、度外視法に

よるものとし、進捗度を加味して関係品に負担させる。

ウ．原価配分方法は、平均法とする。

エ．計算過程で端数が生じた場合は、円未満を四捨五入する。

① 0円　② 12,276円　③ 57,552円　④ 64,376円

⑤ 157,953円

32 等級別総合原価計算

当社では等級製品ＲとＬを製造しており、等級別総合原価計算を採用している。次の〔資料〕に基づき、製品Ｒの完成品単位原価として正しい金額を示す番号を一つ選びなさい。

〔資料〕

1．生産データ（単位：千個、カッコ内は加工進捗度を示している。）

	製 品 Ｒ	製 品 Ｌ
月初仕掛品	500（60％）	400（60％）
当 月 投 入	2,250	1,900
正常仕損品	100	－
異常仕損品	50	－
月末仕掛品	600（70％）	500（50％）
当月完成品	（各自計算）	（各自計算）

2．原価データ（単位：千円）

	製 品 Ｒ	製 品 Ｌ
月初仕掛品原価		
直接材料費	124,120	110,440
加 工 費	74,544	92,976
当月製造費用		
直接材料費	1,080,160	
加 工 費	1,309,995	

3．等価係数

	製品Ｒ	製品Ｌ
直接材料費	0.9	1
加 工 費	0.7	1

4．計算条件

(1) 材料はすべて工程の始点で投入している。

(2) 仕掛品の評価方法は先入先出法による。

(3) 仕損品はすべて当月投入分から発生している。

(4) 正常仕損品は工程の終点で発生し、その見積売却可能価額は総額で
22,000円である。

(5) 異常仕損品は加工進捗度60％で発生し、その売却価値はない。

(6) 正常仕損費の処理は、仕損品の発生時点と仕掛品の進捗度により判断する。

(7) 等級別計算は当月製造費用を等価係数によって各製品に按分する方法による。

(8) 計算途中で端数が生じる場合には円未満を四捨五入すること。

① 516円　　② 524円　　③ 530円　　④ 535円　　⑤ 541円

33 組別総合原価計算

　当社は、組別総合原価計算を採用して製品X、Yを製造している。従来は仕損費をとくに計算せず関係品に自動的に負担させてきたが、この度、経営管理に役立てるために非度外視法により処理することにした。この場合において、各製品の完成品が負担する仕損費は従来の処理方法に比べてどれほど変化するか。正しい組み合わせを1つ選びなさい。

1．原価データ

	製　品　X	製　品　Y
月初仕掛品原価		
直接材料費	206,320円	615,200円
加　工　費	182,320円	664,780円
当月製造費用		
直接材料費	1,431,104円	2,385,952円
加　工　費	5,388,760円	

（注）　加工費は、直接作業時間を基準に実際配賦を行っている。当月の実際
　　　　直接作業時間は製品Xが2,776時間、製品Yが3,490時間であった。

2．生産データ（直接材料はすべて始点で投入している）

	製　品　X	製　品　Y
月初仕掛品	120個	325個
完　成　品	800個	1,190個
月末仕掛品	100個	280個
（加工進捗度）	（30％）	（75％）
仕　損　品	60個	125個

（注）　製品Xの仕損品は工程を通じてランダムに発生している。また、製品
　　　　Yの仕損品は加工進捗度40％地点で検出されたものである。なお、これ
　　　　らの仕損品はすべて正常なものであるが、処分価値を有さないものであ

るため、廃棄された。

	製品X	製品Y
①	+7,672円	−5,117円
②	−7,672円	+5,117円
③	+13,440円	−9,520円
④	−13,440円	+9,520円
⑤	0円	0円

34 連産品の計算

当社のある工場では、甲原料を工程の始点で投入し、A、B、Cの3つの連産品と1つの副産物を算出する。連産品及び副産物は第1工程で分離し、それぞれ別工程において追加加工される。そこで次の〔資料〕に基づき、連産品Bの完成品原価を求めなさい。

〔資料〕

1．当月の生産データ及び原価データ

(1) 当月完成した数量

A製品：2,000kg　　　C製品：3,850kg

B製品：3,500kg　　　副産物：1,050kg

※仕掛品はなかったものとする。

(2) 当月発生した原価

① 第1工程

直接材料費　　642,000円　　　加　工　費　　1,087,350円

② 分離後の追加加工費

A製品：　61,500円　　　C製品：195,100円

B製品：139,000円　　　副産物：　11,000円

2．副産物の評価額及び連産品の正常市価（1kg当り）

	見 積 売 価	見 積 追 加 加 工 費	見 積 販 管 費
副産物	30円	10円	5円
A製品	350円	30円	20円
B製品	400円	40円	30円
C製品	250円	50円	20円

① 954,930円　　② 962,500円　　③ 1,053,500円

④ 947,500円　　⑤ 974,000円

35 副産物の評価

　当社の製造工程から副産物Ａ〜Ｅが発生する。以下の〔**資料**〕を参考にすれば当月の主産物の総合原価から控除される副産物評価額はいくらになるか。『原価計算基準』（大蔵省企業会計審議会中間報告）に従って答えなさい。

〔**資料**〕

1．当月副産物発生数量

　　Ａ：15,000kg　　Ｃ：　4,600kg　　Ｅ：　　600kg

　　Ｂ：　8,000kg　　Ｄ：　3,500kg

2．各副産物に関する資料

　(1)　副産物Ａ・Ｂは売却可能である。

　　　副産物Ａは追加加工の上、販売される。副産物Ａ・Ｂとも見積販売価格は、１kg当たり150円であり、見積販売管理費は１kg当たり10円であり、通常の売上利益率は10％と見積もっている。また、副産物Ａの見積追加加工費は１kg当り30円である。

　(2)　副産物Ｃ・Ｄは、自家消費される。

　　　副産物Ｃ・Ｄは両者とも市場で購入すれば１kg当り200円であるが、副産物Ｃは追加加工が必要であり、その見積追加加工費は、１kg当り30円である。

　(3)　副産物Ｅは、当社では軽微なものとされている。当月の販売価額は総額で7,400円であった。

① 3,914,400円　　② 3,562,000円　　③ 3,975,000円

④ 4,251,000円　　⑤ 3,907,000円

36 個別原価計算と総合原価計算の比較

『原価計算基準』（大蔵省企業会計審議会中間報告）に基づいて考えるとき、個別原価計算と総合原価計算について述べた以下の記述のうち、誤っているものの組合せを1つ選んで答えなさい。

a　個別原価計算は異なる種類の製品を個別的に生産する生産形態に適用するための原価計算であるため、同種製品を大量に反復継続的に生産する生産形態の企業には適用できない。

b　異なる種類の製品を組別に連続生産するような工場において適用される組別原価計算では、原価要素は製造指図書を用いて、各組共通の組間接費と、各組に個別に把握する組直接費に区分される。このため、組別原価計算は指図書別原価計算と呼ばれ、個別原価計算の範疇に分類されている。

c　一定期間における製品の生産量に対して原価を集計する原価計算手法を、総合原価計算と呼んでいるが、この総合原価計算は生産形態の違いによって、いくつかの種類に分類される。

d　単一種の製品を生産する場合を前提にすれば、原価の部門別計算を実施するか否かによって、個別原価計算は単純個別原価計算と部門別個別原価計算の2つに区分することができ、総合原価計算は、単純総合原価計算と工程別総合原価計算に区分することができる。このため、組別総合原価計算や等級別総合原価計算には原価の部門別計算を適用することができない。

① c　② a、d　③ a、b、d　④ b、c、d　⑤ a、b、c、d

第 6 章 標準原価計算

問題編

37 標準原価計算の目的

　わが国の『原価計算基準』四〇においては、標準原価算定の目的について規定しているが、以下の当該規定に関するア～エの記述について、すべて正しいものの組合せを１つ選びなさい。

(一)（　ア　）の原価の標準として標準原価を設定する。これは標準原価を設定する最も重要な目的である。

(二) 標準原価は、（　イ　）として仕掛品、製品等のたな卸資産価額および売上原価の算定の基礎となる。

(三) 標準原価は、（　ウ　）に、信頼しうる基礎を提供する。

(四) 標準原価は、これを勘定組織の中に組み入れることによって、（　エ　）する。

アについて

　a．実際原価計算でも責任会計の見地から部門や工程を設定することにより、十分な原価能率の増進が可能となる。

　b．標準原価は、作業の目標を設定・伝達し、動機づけを行うことにより事前的管理の機能を果たす。

　c．実際原価は、過去に生起した事実を示すものであり、客観的ではあるが科学性と目標性に劣り能率の尺度とはなりえない。

イについて

  a．実際原価は、その時々の偶然的要因に支配される。

  b．原価計算基準において、真実の原価は実際原価のみであり標準原価は含められない。

  c．標準原価は、その設定段階で価格、能率、操業度を事前に固定するため、偶然性が製品原価に影響することを排除できる。

ウについて

  a．個々の作業区分ごとの個別的な能率の尺度として設定された標準原価を予算原価として用いるためには、タイトネスの修正が必要である。

  b．予算は総合的な利益管理のための手段として設定されるため、標準原価計算とは関係がない。

  c．予算管理をより効果的に実施するためには、科学的なデータに基づいて設定された標準原価によらなければならない。

エについて

  a．標準原価によれば、製品原価を実際原価の集計を待たずして算定できる。

  b．標準原価計算では、必ず原価差異を算定するので、記帳の迅速化が図れない。

  c．標準原価計算では、製品の標準原価のみならず、実際原価をも計算するので、実際原価計算よりも2倍の手数を要する。

	ア	イ	ウ	エ
①	a	c	a	a
②	b	c	b	c
③	c	b	c	c
④	c	a	b	b
⑤	c	c	a	a

38 製造間接費の標準原価差異分析

　乙社は標準原価計算制度を採用している。次の〔資料〕は乙社の製造間接費に関するデータである。それに基づき、公式法変動予算および実査法変動予算の両者により差異分析を行い、下記の一覧表にした。この一覧表における数値a〜cの合計金額を選択肢の中から選びなさい。

〔資料〕

1．変動予算のデータ

操 業 度	85%	90%	95%	100%
月次予算	7,680,000円	8,148,000円	8,568,000円	9,000,000円

　　※100%を基準操業度とする。

2．操業度に関するデータ

　(1)　月間基準操業度は30,000直接作業時間である。

　(2)　当月実際操業度は28,600直接作業時間である。

3．当月の生産データ

　(1)　月初仕掛品　　20個（80%）　　※　カッコ内は加工進捗度

　(2)　月末仕掛品　　80個（20%）

　(3)　完　成　品　433個

4．その他のデータ

　(1)　製造間接費実際発生額は8,930,000円であった。

　(2)　製品1個当たりの標準直接作業時間は65時間を予定している。

　(3)　公式法を採用したときの変動費率は@180円であり、変動費部分からのみ能率差異を算定している。

　(4)　実査法を採用したときの能率差異は、標準操業度と実際操業度の予算許容額の差額として算定している。

　(5)　不利差異はマイナスを付すこと。

（単位：円）

	能 率 差 異	予 算 差 異	操業度差異
公式法変動予算	a		
実査法変動予算		b	
合　　　計			c

① −719,400円　② −656,500円　③ −599,900円

④ −662,800円　⑤ −654,500円

39 標準原価計算の差異分析

　当社では標準原価計算を実施している。そこで以下の〔**資料**〕を参考にし、当月の標準原価差異に関するa～eの記述のうち正しいものは、いくつあるか答えなさい。

〔資料〕

1．標準原価カード（製品1個当たり）

　　直接材料費　　2 kg×1,000円／kg＝2,000円

　　直接労務費　　3 h×600円／h　＝1,800円

　　製造間接費　　3 h×1,200円／h＝3,600円

　　　　　　　　　　　　　　　　　　7,400円

　　（注）製造間接費の配賦基準には、直接作業時間を採用している。月間の基準操業度は4,000 hであり、固定費予算額は3,780,000円である。

2．当月の生産実績

　　月初仕掛品　　　　150個（0.4）

　　当月投入　　　　1,350個

　　　計　　　　　　1,500個

　　月末仕掛品　　　　350個（0.6）

　　完成品　　　　　1,150個

　　（注）カッコ内は加工進捗度を示している。

3．当月の原価発生実績

　　直接材料費　2,976,750円（2,835kg）

　　直接労務費　2,516,800円（4,160 h）

　　製造間接費　4,861,600円

　　（注）材料は始点投入である。

a．有利差異となる原価差異は、どのような差異分析方法をとっても、当月においては発生していない。

b．賃率差異の金額は20,800円（不利差異）となる。

c．操業度差異を実際操業度と基準操業度の差から求める場合、操業度差異は94,500円（不利差異）となる。

d．数量差異の金額は、276,750円（不利差異）となる。

e．操業度差異を実際操業度と基準操業度の差から求める場合、予算差異の金額は、20,800円（不利差異）となる。

① 1個　② 2個　③ 3個　④ 4個　⑤ 5個

40 標準原価計算の勘定記入

　当社では標準原価計算制度を採用している。下記の〔資料〕をもとにパーシャル・プランに基づく仕掛品勘定の記入を行い（a＋b＋c＋d－e－f－g）の金額を選択肢の中から選びなさい。

〔資料〕

1．Y製品1個に関する標準原価カード

原　価　要　素	数　　量	価　　格	金　　額
直　接　材　料　費	165kg	20円／kg	3,300円
直　接　労　務　費	4.5時間	2,000円／時間	9,000円
製　造　間　接　費	4.5時間	3,000円／時間	13,500円
合　　　計			25,800円

　　（注）製造間接費の配賦基準として、直接作業時間を採用している。また、
　　　　　1時間当たり製造間接費のうち、変動費率は1,000円／時間である。

2．生産データ（カッコ内は加工進捗度）

　　月初仕掛品　　　　　30個（60％）

　　月末仕掛品　　　　　40個（80％）

　　完　成　品　　　　 520個

3．実際発生額

　(1)　直接材料費

　　　　材料仕入高：1,853,250円（@21円×88,250kg）月初材料棚卸はなかった。

　　　　材料消費高：　 88,100kg　　　　　　　　月末材料棚卸高：150kg

　(2)　直接労務費

　　　　5,267,500円（2,450時間×@2,150円）

　(3)　製造間接費

　　　　7,401,000円

4．製造間接費の仕掛品勘定借方への記入は実際発生額をもって行う。

仕　掛　品　　　　　　　（単位：円）

前 月 繰 越	a	製　　　　品	c
	b	直接材料費差異	d
	5,267,500		e
製 造 間 接 費		製造間接費差異	f
		次 月 繰 越	g

① 14,365,700 ② 14,455,700 ③ 14,265,700 ④ 14,372,000

⑤ 14,635,700

41 標準原価計算における原価差異の会計処理

　当社では標準原価計算を実施している。次の〔資料〕に基づいて公表用財務諸表に記載される売上原価の金額を計算し、正しいものを1つ選びなさい。

〔資料〕

1．原価標準

直 接 材 料 費	0.5kg	@¥800	¥400
直 接 労 務 費	2時間	900	1,800
製 造 間 接 費	2時間	600	1,200
単位当たり標準原価			¥3,400

2．年間取引

　原材料1,610kgを@¥820で掛買

　原材料消費量；1,560kg

　直接作業時間；5,802時間

　実際賃率；@¥910

　実際直接労務費；¥5,279,820

　実際製造間接費；¥3,518,780

　当期完成品数量；2,600単位

　期末仕掛品；500単位

　　直接材料費（進捗度100％）

　　加工費（進捗度60％）

　当期売上品数量；2,400単位

　なお、期首棚卸資産は一切存在しない。

3．原価差異の処理方法

　①　材料受入価格差異は消費量分については売上原価に配賦する。

　②　材料数量差異は売上原価に配賦する。

　③　直接労務費差異と製造間接費差異は完成品換算量によって、売上原価と

期末棚卸資産に配賦する。

① 8,272,800円　　② 8,273,800円　　③ 8,281,800円

④ 8,280,800円　　⑤ 8,298,800円

42 歩留差異・配合差異の計算

当社では、原料相互間に代替関係のある３種類の原料を配合投入して製品Ａを生産している。そこで次の〔資料〕に基づき、⑴原料Ｚの配合差異、及び⑵歩留差異を計算し、正しい組合せを１つ選びなさい。

〔資料〕

1．投入・産出に関する分析データ

製品Ａ25kgの産出のためには、工程の終点において５kgの歩減の発生が不可避であり、原料Ｘ、Ｙ、Ｚは、それぞれ15kg、10kg、５kgが工程の始点で配合投入される。

2．原料標準価格に関するデータ

原料Ｘ……240円／kg

原料Ｙ……224円／kg

原料Ｚ……184円／kg

3．当月の生産実績

原料Ｘ、Ｙ、Ｚの実際投入量は、それぞれ14,800kg、9,800kg、4,488kgであり、製品Ａの実際完成量は、24,000kgであった。なお、月初及び月末仕掛品は一切存在しない。

① ⑴ 66,240円（有利） ⑵ 64,896 円（不利）

② ⑴ 66,240円（不利） ⑵ 77,875.2円（不利）

③ ⑴ 66,240円（有利） ⑵ 77,875.2円（不利）

④ ⑴ 18,496円（不利） ⑵ 77,875.2円（不利）

⑤ ⑴ 18,496円（不利） ⑵ 64,896 円（不利）

当社では、標準原価計算制度を採用している。次の〔資料〕に基づき、(1)人員構成差異と(2)歩留差異の金額の組合せとして正しいものを1つ選びなさい。

〔資料〕

1．製品9kg当たりの標準原価カードの一部（直接労務費）

      1級工　1,800円／h×1.5h＝2,700円

      2級工　1,400円／h×2.5h＝3,500円

      なお、工程の終点で製品9kgに対して減損が1kg発生する。

2．生産データ

      完　成　品　　7,560kg

      当月投入　　8,520kg

3．当月実績データ（直接労務費）

      1級工　1,285h（1,820円／h）

      2級工　2,155h（1,440円／h）

  ① (1)　2,000円（有利）　　(2)　74,400円（不利）

  ② (1)　2,000円（不利）　　(2)　74,400円（不利）

  ③ (1)　9,000円（有利）　　(2)　124,000円（不利）

  ④ (1)　9,000円（不利）　　(2)　124,000円（不利）

  ⑤ (1)　2,000円（有利）　　(2)　124,000円（不利）

44 仕損差異分析

製品Aを製造している当社はパーシャル・プランの標準原価計算制度を採用している。製品Aの1個当たり標準原価カードには、正常仕損費を組み入れている。次の〔資料〕に基づき、下記の仕掛品勘定のア・イ・ウの空欄に入る金額を計算し、その合計金額を示す番号を一つ選びなさい。

〔資料〕

1．製品Aの1個当たり標準原価カード

直 接 材 料 費	@　800円×5kg	4,000円
直 接 労 務 費	@1,000円×5時間	5,000円
製 造 間 接 費	@1,200円×5時間	6,000円
	1個当たり正味標準原価	15,000円
正 常 仕 損 費	（15,000円－500円）×0.02	290円
	1個当たり総標準原価	15,290円

なお、製造間接費は直接作業時間を配賦基準とする。

2．仕損に関するデータ

工程の終点で仕損が判明する。正常仕損率は完成品に対して2％であり、それを超えて発生する仕損は異常仕損とする。正常仕損費の処理は、仕損の判明時点と仕掛品の加工進捗度により判断する。異常仕損は正常仕損費を負担しない。また、すべての仕損の評価額は1個当たり500円である。

3．当月の生産データ

月初仕掛品	900個 (0.7)
当 月 投 入	6,100個
合 　　　計	7,000個
仕 　　　損	165個
月末仕掛品	1,335個 (0.5)
完 　成 　品	5,500個

材料はすべて工程の始点で投入され、（　）内は加工進捗度を示している。

4．当月の実際製造費用

  直接材料費　　24,981,330円（実際消費量31,110kg）

  直接労務費　　29,709,300円（実際直接作業時間29,650時間）

  製造間接費　　35,791,802円

	仕　　掛　　品		（単位：円）
前 月 繰 越	（　ア　）	製　　　　　品	（　　　）
直 接 材 料 費	（　　　）	異 常 仕 損 費	（　イ　）
直 接 労 務 費	（　　　）	仕　 損　 品	（　　　）
製 造 間 接 費	（　　　）	直接材料費差異	（　　　）
		直接労務費差異	（　ウ　）
		製造間接費差異	（　　　）
		次 月 繰 越	（　　　）
	（　　　）		（　　　）

① 12,137,150　　② 12,465,000　　③ 12,524,300

④ 12,551,800　　⑤ 15,494,300

第7章
直接原価計算

45 全部原価計算と直接原価計算の営業利益の比較

　次の〔資料〕に基づいて、全部原価計算と直接原価計算による第3期の営業利益を算定し、その相違として正しいものを1つ選びなさい。

〔資料〕

1．原価データ（毎期一定）

(1)　製品単位当たり変動費

　　　標準製造原価　　　　　5,000円／個

　　　予定販売費　　　　　　 800円／個

(2)　固定費予算額

　　　製造間接費　　　　　1,620,000円

　　　販売費および一般管理費　520,000円

　　　　（注）製造間接費の配賦基準は機械稼働時間（mh）であり、年間の
　　　　　　　基準操業度は1,350mhである。なお、製品10個当たり、15mh必要
　　　　　　　とされる。

2．生産・販売データ

	第1期	第2期	第3期	第4期
生産量	900個	900個	810個	870個
販売量	900個	840個	840個	900個

(注) 予定販売価格は9,000円／個であり、第1期には棚卸資産は存在せず、各期とも仕掛品はない。なお、原価差異は操業度差異のみが発生し、各期の売上原価に賦課している。

① 全部原価計算の方が54,000円大きい。
② 直接原価計算の方が54,000円大きい。
③ 全部原価計算の方が36,000円大きい。
④ 直接原価計算の方が36,000円大きい。
⑤ 全部原価計算の方が72,000円大きい。

46 固定費の調整計算（直接標準原価計算）

　当社は利益管理のために直接原価計算を採用しているが、外部報告のために全部原価計算も実施している。次の〔資料〕によって、直接原価計算から全部原価計算に損益を調整するための固定費調整額（純額）を計算し、正しい番号を1つ選びなさい。

〔資料〕
1. 原価標準（単位製品あたり）

　直接材料費　　　　2,000円
　直接労務費　　　　1,600円
　変動製造間接費　　1,000円
　固定製造間接費　　1,200円

2. 期首仕掛品量は1,500個（加工進捗度80％）、完成品数量は42,000個、期末仕掛品量は2,000個（加工進捗度60％）であった。

3. 期首製品在庫量は500個、期末製品在庫量は2,500個であった。

4. 当期において製品はすべて販売の用に供され、棚卸減耗はなかった。

① 3,000,000円　　② −3,000,000円　　③ 2,400,000円
④ −2,400,000円　　⑤ 1,200,000円

47 全部原価計算と直接原価計算の比較

全部原価計算と直接原価計算の営業利益について述べた以下の文章のうち、誤っているものを1つ選びなさい。

ア．全部原価計算と直接原価計算の営業利益が異なる原因の1つは、製造固定費が期間費用となるタイミングの相違である。

イ．標準原価によって棚卸資産評価を行うとき、生産量よりも販売量の方が多い場合は、全部原価計算による営業利益よりも直接原価計算による営業利益のほうが大きくなる。

ウ．標準原価によって棚卸資産評価を行うとき、生産量と販売量が一致する場合は、全部原価計算による営業利益と直接原価計算による営業利益は一致する。

エ．製品単位あたり変動費発生額、固定費の期間発生額、製品の販売数量及び販売単価が前期と当期において変わらなかった場合でも、全部原価計算における営業利益は変わることがある。

オ．総原価のうち販売費及び一般管理費は、直接原価計算においては変動費と固定費とに区分して計算され、変動費は限界利益算定のために販売製品と個別的に対応させられ、固定費は期間収益と直接的に対応させるため、全額期間原価として処理される全部原価計算と比較すると営業利益に差異が必ず生じる。

① ア　② イ　③ ウ　④ エ　⑤ オ

当社は、経営管理のために直接原価計算を実施しているが、公表用財務諸表作成のために、固定費調整を行って全部原価計算方式の損益計算書も作成している。そこで、以下の〔資料〕を参考にし、当期の固定費調整後の全部原価計算方式における営業利益と、直接原価計算方式における限界利益の合計金額を求めなさい。

〔資料〕

1．製造原価データ

(1) 変動費

	材 料 費	加 工 費	合 計
期首仕掛品原価	100,000円	162,000円	262,000円
期首製品原価	260,000	415,000	675,000
当期総製造費用	1,700,000	2,800,000	4,500,000
期末仕掛品原価	125,000	225,000	350,000
期末製品原価	225,000	369,000	594,000

(2) 当期発生した固定加工費総額は1,680,000円であった。

2．当期に発生した販売管理費及び一般管理費は合計742,000円（内、変動費は90,000円）であった。

3．当期の売上高は8,250,000円であった。

4．固定加工費については、固定加工費の変動加工費に対する比率を求め、先入先出法により、仕掛品、製品および売上品に配分している。その結果、前期の期末たな卸資産の金額は、仕掛品が362,440円、製品が932,300円であった。

① 4,650,330円　　② 5,000,660円　　③ 5,200,330円
④ 5,400,220円　　⑤ 6,200,330円

49 全部原価計算と直接原価計算の利益の相違

　当社では、1年を上期と下期の2つに分け、標準原価を用いて半期ごとに予算を設定している。従来は、全部原価計算による予算を設定していたが、今年度より直接原価計算による予算も併せて設定している。そこで以下の〔資料〕を参考にし、①～⑤の記述の中で正しいと思われるものを選択しなさい。

〔資料〕

　1．上期の予算

　　　販　売　量　　　300個

　　　生　産　量　　　350個

　　　期末在庫量　　　 50個

　　なお、期首製品の在庫はなかった。

　2．下期の予算

　　　販　売　量　　　 ？個

　　　生　産　量　　　 ？個

　　　期末在庫量　　　 40個

　3．共通条件

　(1)　当社においては仕掛品は存在しない。

　(2)　製造間接費は上期・下期ともに製品の生産量を配賦基準として、製品に予定配賦している。基準操業度は、上期・下期ともに350個であった。

　(3)　操業度差異は、予算・実績ともに各期の売上原価として処理している。

　(4)　予算上の販売価格は、上期・下期ともに同一であった。

　①　下期の予算販売量が360個のとき、下期の全部原価計算による営業利益と直接原価計算による営業利益は一致する。

　②　下期の予算販売量が370個のとき、下期の全部原価計算による営業利益より直接原価計算による営業利益の方が小さい。

　③　下期の予算生産量が340個のとき、下期の全部原価計算による営業利益より

直接原価計算による営業利益の方が小さい。

④　下期の予算販売量が300個のとき、全部原価計算による営業利益は上期よりも下期の方が小さくなるが、直接原価計算による営業利益は、上期と下期では変わらない。

⑤　下期の予算販売量が360個のとき、全部原価計算においても直接原価計算においても、営業利益は上期よりも下期の方が同額だけ大きくなる。

50 直接原価計算の意思決定への活用

直接原価計算の資料は、短期利益計画の策定ないし、予算編成における業務個別計画に用いることがある。その事例について述べた以下の文章のうち、あてはまらない事例はどれか、答えなさい。

① 同一製品を短期的条件の下において、異なった販売地域、得意先、販売方法、季節などについて価格を変化させる場合、その価格を決定するための基礎となる資料として直接原価計算を用いる。

② 中間製品を追加加工してこれを製品として販売すべきか、それともこれを追加加工せずそのまま中間製品として販売すべきかという方針の決定に当たって、追加加工に伴って発生する原価を選別する資料として直接原価計算を用いる。

③ 組別製品を販売する計画を立案する際、組別製品の組合せを予算編成上決定しなければならない場合がある。このような場合において各組製品の原価を算定する必要があり、その際に直接原価計算の資料を用いる。

④ 現在購入している部品を、将来的に自製してゆくべきか否かを決定してゆく際に、自製に伴う設備関連原価と、それに伴う運営費及び利子の費用を計算して決定することがある。その場合に運営費の金額の見積りの資料として直接原価計算を用いる。

⑤ 価格政策の一環として、たとえば、販売競争が激化し、特定の製品の価格が下落しいわゆる換算割れを生じている場合に、短期的になおその生産を維持するための価格低限を示さねばならないことがある。このような場合の資料として直接原価計算を用いる。

第 8 章

管理会計の基礎知識

51 財務会計と管理会計

　次のア～オの文章には、誤っているものが3つ含まれている。その記号の組み合わせを示す番号を1つ選びなさい。

ア．財務会計が外部報告目的で行われる会計であるのに対し、管理会計は内部報告目的で行われる会計である。このため、財務会計において用いられる情報と管理会計において用いられる情報は全く異なるものである。

イ．財務会計は企業に対して制度的に強制されるものであるが、管理会計は制度的に強制されるものではない。このため、手数を省略するために、管理会計は行わない方が望ましい。

ウ．財務会計では、外部の情報利用者に対して真実な情報を提供していることが要求されるため、財務会計情報は客観性・検証可能性を有している必要がある。一方で管理会計情報には、経営管理に対する役割期待から、情報の目的整合性・有用性が求められる。

エ．現代においては、経済が発展した結果、消費者の価値観やニーズが多様化し、製品の多品種少量生産化が進んでいる。また、技術進歩によって、FA化・CIM化等の製造環境の変化も生じている。これらの変化は、企業の管理会計システムや原価管理の思考に対して、ほとんど何らの影響も与えていない。

オ．企業の行動として、地球自然環境への配慮が強く求められるようになってい

る。このため、管理会計の側面からも、地球自然環境への配慮には充分に注意を払うべきであると言える。

① アイウ　　② アウオ　　③ アイエ　　④ ウエオ　　⑤ イウエ

52 管理会計の基礎知識①

次のア〜カの記述のうち、誤っているものが2つある。その記号の組合せを示す番号を1つ選びなさい。

ア．海外との貿易や海外への生産や販売拠点の進出による現地化は、コスト・マネジメントや業績評価システムのあり方に大きな変化を生じさせている。そのため、従来の原価低減の枠組みを超えるコスト・マネジメントの考え方が必要となり、また多国籍企業を対象とした管理会計の研究が進んでいる。

イ．地球規模での環境保全に対する社会の意識の高揚に従って、企業の地球環境への配慮に対する取り組みについても高い関心が向けられている。このような状況から、環境に配慮した製品開発や社会貢献という経営姿勢が、企業の競争の生き残りに当たって必要不可欠の条件となりつつある。

ウ．我が国の企業においては、一般に欧米の企業と比べて会計数値が個人の業績評価や人事考課等に反映される割合は大きいと言われるが、近年成果主義が浸透してきていることから、その割合は次第に小さくなってきている。

エ．責任会計システムの基礎資料は財務諸表の作成を主目的とする原価計算制度に大きく依存してきた。また、原価管理における標準原価計算の広範にわたる活用も、財務会計の一環としての制度的承認が定着の1つの条件になってきたと考えられる。

オ．かつて内部統制は管理会計の一部と考えられていた時代が存在した。現在、内部統制と管理会計は分化されているが、内部統制の概念の精緻化には管理会計が大きく貢献することができる領域と考えられている。

カ．会計担当者の行動は、社会的に多大な影響を及ぼすため、管理会計担当者といえども、一定の倫理規範に従って会計処理を行うべきであるとの見解が広がりつつある。管理会計担当者の直属の上司が倫理上の問題を起こしている場合には、さらに上位職にある者と相談していくべきである。トップマネジメントが問題を起こしている場合には、公共通報制度を通じてコーポレート・ガバナンスを矯正していくことが方策として考えられるが、これは企業イメージのダウンなどを招くことから、管理会計担当者にとって望ましい対応とは考えられない。

① アオ　② イエ　③ イオ　④ ウエ　⑤ ウカ

53 管理会計の基礎知識②

次のア～エの記述のうちには、誤っているものが二つある。その記号の組合せを示す番号を一つ選びなさい。

ア．財務会計が法律や社会的な制度的に強制されるものであるのに対し、管理会計は制度的に強制されるものでなく、よりどころとなる法律や基準は存在しない。

イ．管理会計が提供する非財務情報には、一定のプロセスあるいは期間を経過したのち、財務的な成果と結びつくという因果連鎖が識別可能でなければならないという要件が求められる。

ウ．管理会計の体系を計画会計と統制会計とに区分した場合、計画会計は更に個別計画と期間計画に区分することができるが、ここでいう期間計画とはある特定の問題に直面して、その解決のための行動を計画するものである。

エ．会社の組織図をライン部門とスタッフ部門とに区分した場合、経理部は、スタッフ業務に対し専門的な助言、勧告、支援活動を行うライン部門に位置づけられる。

① アイ　② アウ　③ アエ　④ イウ　⑤ イエ　⑥ ウエ

54 マネジメント・プロセス

次の文中の（ ア ）～（ エ ）に当てはまる最も適切な用語の組合せを示す選択肢の番号を1つ選びなさい。

R.N. アンソニーの経営管理機能ないしマネジメント・プロセスは、（ ア ）、（ イ ）、（ ウ ）の3つの側面からなっている。ここで、（ ア ）プロセスは、プランニング（計画）とコントロール（統制）のうち、（ エ ）がより多く要求され、企業の構造や性格を決定するような意思決定を伴うプロセスである。

一方、（ ア ）プロセスとは正反対に、（ エ ）があまり入り込まない、換言すると経営トップやマネージャーの意思決定を比較的必要としない経営管理機能を（ イ ）プロセスと規定している。なお、後年、アンソニーは（ イ ）の代わりにタスク・コントロールという言葉を用いるようになった。

最後は、これら2つのプロセスの中間に属するもので、プランニングとコントロールがほぼ同等に要求される経営管理機能を（ ウ ）プロセスと規定している。

	ア	イ	ウ	エ
①	経営計画の立案	オペレーショナル・コントロール	マネジメント・コントロール	プランニング
②	経営計画の立案	マネジメント・コントロール	オペレーショナル・コントロール	コントロール
③	経営計画の立案	オペレーショナル・コントロール	マネジメント・コントロール	コントロール
④	オペレーショナル・コントロール	マネジメント・コントロール	経営計画の立案	コントロール
⑤	マネジメント・コントロール	オペレーショナル・コントロール	経営計画の立案	プランニング

第 9 章
財務情報分析

55 財務情報分析－収益性分析①－

　D社は、近年業績が低迷しており、この状況を打開するため財務指標の向上を目指している。そこで、当期の売上を増加させ、固定費を圧縮して経営資本営業利益率を高めたい。12%の販売量の増加が可能だとして、固定費をいくら圧縮すれば、20%の経営資本営業利益率の達成が可能となるか。正しい選択肢を選びなさい。

〔資料〕

　1．図表

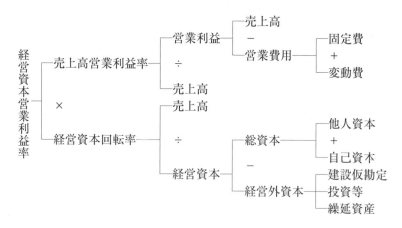

2．損益及び経営資本の状況

前期損益計算書（単位：千円）

売 上 高	1,000,000
変 動 費	670,000
固 定 費	300,000
営業利益	30,000

貸借対照表の一部	
借入金	150,000千円
資本金	350,000千円

なお、前期の経営外資本は100,000千円であった。

総資本及び経営外資本並びに販売単価及び変動費率は前期と変わりがない。

① 10,400千円　　② 30,400千円　　③ 40,000千円

④ 60,000千円　　⑤ 70,000千円

財務情報分析―収益性分析②―

　以下の〔**資料**〕を参考にして、文中の（　ア　）～（　オ　）に当てはまる数値または語句をすべて正しく示している番号を一つ選びなさい。なお、（　＊　）は各自推定すること。

〔**資料**〕

　企業が活動を行っている環境は変化するため、企業は不確実性のもと経営を行っているといえる。企業はさまざまなリスクにさらされているが、ここでは、収益等が予想と異なって上下に変動するという意味でのリスクに着目し、財務レバレッジによる自己資本利益率の影響を見てみることにする。総資本（有利子負債＋自己資本）が200,000千円、ROA が10％、有利子負債が120,000千円、利子率6％、税率40％とした場合、税引後 ROE は（　ア　）％となる。この場合、ROA が一定であるとし、負債を増加させ負債比率を高くすると、税引後 ROE は（　イ　）する。売上高純利益率が1.92％と自己資本比率が（　＊　）％の場合、総資本回転率は（　ウ　）回転であり、売上高純利益率と自己資本比率を1.92％と（　＊　）％で一定とし、総資本回転率が（　エ　）しているときは、自己資本純利益率は上昇する。また、自己資本比率が低い企業の場合、自己資本比率が高い企業に比べ他の条件を同じとするならば、業績悪化時には減益幅が（　オ　）する。

	（ア）	（イ）	（ウ）	（エ）	（オ）
①	7.44	低下	2	上昇	拡大
②	9.6	上昇	2	上昇	拡大
③	3.6	上昇	2	低下	拡大
④	9.6	上昇	3.3	上昇	縮小
⑤	3.6	低下	3.3	低下	縮小

貸借対照表が次のようであったと仮定して、下のヒントを参考にしながら[*1]流動比率、[*2]当座比率、[*3]固定比率、[*4]負債比率の正しいものの組み合わせを選びなさい。

[*1]：流動負債の返済能力を判断するのに役立つ指標である
（＝流動資産÷流動負債×100％）

[*2]：流動比率に対して、より換金性の高い当座資産を流動資産にかわって分子に用いた指標である （＝当座資産÷流動負債×100％）

[*3]：固定資産は返済期限のない株主資本で調達されていることが望ましいという指標である （＝株主資本÷固定資産×100％）

[*4]：総資本の構成割合をみるために算定する指標である。なお、株主資本比率の補数である （＝負債÷総資本×100％）

	貸借対照表		（単位：千円）	
流動資産			負　　債	
当座資産	8,316		流動負債	7,560
棚卸資産	2,268		固定負債	3,780　11,340
そ の 他	756	11,340	純 資 産	
固定資産		7,560	資 本 金	2,835
繰延資産		0	剰 余 金	4,725　7,560
		18,900		18,900

① 流動比率＝150％　　固定比率＝150％　　負債比率＝150％
② 当座比率＝110％　　固定比率＝150％　　負債比率＝60％
③ 当座比率＝110％　　固定比率＝100％　　負債比率＝150％
④ 流動比率＝110％　　固定比率＝100％　　負債比率＝60％
⑤ 流動比率＝150％　　固定比率＝100％　　負債比率＝60％

　貸借対照表の項目間の関係に着目した安全性の分析に関する以下の文章のうち誤っているものの組合せとして正しいものを1つ選びなさい。

ア．企業の短期的な債務弁済能力を表す指標として流動比率と当座比率があるが、一般に、流動比率は100％以上で、当座比率は200％以上であることが望ましいといわれている。

イ．負債比率と自己資本比率は、他人資本と自己資本の関係に基づき、長期的な観点から他人資本の安全性を評価するための指標である。負債比率は低いほどよく、逆に自己資本比率は大きいほど安全性が高いこととなる。

ウ．日本企業は、高度経済成長期に必要資金を銀行借入で調達したため、自己資本の割合が相対的に低く、その後、エクイティ・ファイナンスが活発化したため、より自己資本比率が低下した。

エ．固定長期適合率が100％を超えているということは、流動負債として短期に返済すべき資金が、固定資産に投下されていることになり、資金繰りが不安定であるといえる。

　　① アイ　　② アウ　　③ アエ　　④ イエ　　⑤ ウエ

第10章
短期利益計画のための管理会計

59 原価分解

　以下の〔資料〕に基づいて、製造間接費に関して(a)高低点法と(b)最小自乗法を用いて原価分解を行い、(a)と(b)による年間の固定費額の差額の金額として適切な番号を1つ選びなさい。

〔資料〕

1．直接作業時間及び製造間接費の実績記録（単位：時間、円）

月	直接作業時間	製造間接費
1	406	351,000
2	357	330,500
3	380	335,700
4	370	331,600
5	420	356,300
6	430	360,400
7	443	373,500
8	394	341,000
計	3,200	2,780,000

2．製造間接費の配賦基準として、直接作業時間を採用している。

3．月間の正常操業度は400時間であり、正常操業圏は90％〜110％とする。

4．年間の固定費額は、月間の固定費額の12倍として計算する。

① 4,500円　　② 8,000円　　③ 54,000円

④ 69,000円　　⑤ 96,000円

60 CVP分析①

次の〔資料〕に基づいて算定したア～オの数値のうち、妥当と思われるものの組合せを下記の選択肢の中から1つ選びその番号を答えなさい。

〔資料〕

1. 年間の弾力性予算

販　売　量	2,000個	3,000個	4,000個
売　上　高	9,000千円	13,500千円	18,000千円
変　動　費	5,400	8,100	10,800
固　定　費	3,780	3,780	3,780
利益（損失）	（180）	1,620	3,420
変動資本額	4,950千円	7,425千円	9,900千円
固定資本額	3,240	3,240	3,240

2. 当年度の年間の販売数量として、3,600個を見込んでいる。

ア．総資本営業利益率（a．　約17%　　b．　約22%　　c．　約40%　）

イ．損益分岐点売上高（a．6,480千円　b．9,450千円　c．1,026千円）

ウ．安全余裕率　　　（a．　約19%　　b．　約40%　　c．　約42%　）

エ．資本回収点売上高（a．7,200千円　b．9,500千円　c．12,150千円）

オ．資本回転率　　　（a．約0.75回転　b．約1.3回転　c．約1.5回転　）

	ア	イ	ウ	エ	オ
①	a	a	a	c	a
②	a	c	b	c	b
③	b	b	b	a	a
④	b	b	c	a	b
⑤	c	c	c	b	c

61 CVP分析②

当社は、現在来期における目標利益を検討中である。そこで以下の〔資料〕を参考にして以下の諸問に答えなさい。

〔資料〕

1．当期の販売実績

製品品種	売　上　高	変動製造原価	変動販売費	固定費
A	1,088万円	598.4万円	54.4万円	
B	832万円	416万円	41.6万円	1,492万円
C	480万円	288万円	24万円	
D	800万円	360万円	40万円	

※A～D製品は組別製品であり、また、来期も変動費率及び固定費額は当期と変わらないものとする。

2．目標利益の設定

当社は目標利益を投下資本との関係で設定している。当期の投下資本の金額は、変動的投下資本が480万円であり、固定的投下資本が1,700万円であった。

変動的投下資本は、製品の売上構成比率にかかわらず、売上総額に比例して増減する。来期も変動的資本率及び固定的資本額は当期と変わらないものとする。

問1　来期の目標利益を、投下資本の10％に設定した場合、必要な売上高はいくらになるか計算しなさい。なお、製品の構成割合は、当期の割合を維持するものとし、計算上万円位未満に端数が生ずる場合は、万円位未満を切り捨てて答えなさい。

①　4,000万円　　②　3,970万円　　③　4,361万円

④　1,137万円　　⑤　3,800万円

問2 来期の市場規模は好景気に支えられかなり大きく見積もられ、当社の売上高も総額で5,440万円を達成できるものと予想された。但し、各製品の伸びは最大に見積もっても当期の2倍を超えることはないと予想されている。

そこで、来期に製品の組合せを変えることによって得られる営業利益の変動の幅が売上総額5,440万円の場合においてどれぐらいになると考えられるか。計算上万円位未満に端数が生ずる場合は、万円位未満を切り捨てて答えなさい。

① 400万円　② 320万円　③ 336万円　④ 144万円　⑤ 200万円

62 CVP分析③

当社の次の〔**資料**〕に基づいて行われた損益分岐点に関する分析についてのア～オの記述のうち、正しいと思われるものはいくつあるか答えなさい。

〔資料〕

1．製品1個あたりの生産データ

直接材料費　　400円／kg×2kg＝　800円

直接労務費　　900円／h×1h＝　900円

製造間接費

変動費　　500円／h×1h＝　500円

固定費　1,000円／h×1h＝1,000円
　　　　　　　　　　　　　　3,200円

注）製造間接費の配賦基準は、直接作業時間を採用しており、実現可能操業度（10,000直接作業時間）を基準操業度としている。

2．販売に関するデータ

予定販売価格　　　　4,000円／個

予定変動販売費　　　　200円／個

固定販管費予定額　1,400,000円

ア．損益分岐点売上高は、30,000,000円以上である。

イ．8,000個を予算上の売上数量としたときの安全余裕率は10%を超える。

ウ．目標売上高営業利益率10%を達成する売上高は、40,000,000円を超える。

エ．8,200個を予算上の売上数量としたとき、直接作業時間の遊休時間が、1,000時間以上発生する。

オ．直接材料の調達価格が1kg当り500円に上昇したとき、損益分岐点売上高は現在の位置より10%以上、移動する。

①　1個　　②　2個　　③　3個　　④　4個　　⑤　5個

第11章 予算管理

63 予算差異分析①

　当社では、直接標準原価計算を採用しており、予算管理に利用している。次の〔資料〕に基づいて、(1)販売価格差異、(2)販売数量差異、(3)変動販売費差異について計算し、正しい組み合わせを1つ選びなさい。ただし、ここで販売数量差異とは、予算販売量と実際販売量の差を予算貢献利益で評価したものをいう。

〔資料〕

(1) 予算データ

　　　予算販売価格　　　　2,000円／個

　　　予算販売数量　　　　7,000個

　　　変動標準原価（製品1個当たり）

　　　　直 接 材 料 費　　300円／kg×2kg＝600円

　　　　直 接 労 務 費　　600円／h×1h＝600円

　　　　変動製造間接費　　200円／h×1h＝200円

　　　（注）製造間接費は直接作業時間で配賦している。

　　　変 動 販 売 費　　　50円／個

　　　固定費予算

　　　　固定製造間接費　　1,500,000円

　　　　固 定 販 売 費　　　750,000円

(2) 実際データ

販 売 価 格	1,950円／個
販 売 数 量	7,100個
変 動 費	
直 接 材 料 費	4,280,000円（実際消費量 14,250kg）
直 接 労 務 費	4,270,000円（実際作業時間 7,120 h）
変 動 製 造 間 接 費	1,430,000円
変 動 販 売 費	369,200円
固 定 費	
固 定 製 造 間 接 費	1,507,500円
固 定 販 売 費	770,000円

① (1) 355,000円（不利差異）　　(2)　55,000円（有利差異）
　 (3)　14,200円（不利差異）

② (1) 350,000円（不利差異）　　(2)　50,000円（有利差異）
　 (3)　14,200円（不利差異）

③ (1) 355,000円（不利差異）　　(2)　55,000円（有利差異）
　 (3)　19,200円（不利差異）

④ (1) 350,000円（不利差異）　　(2)　60,000円（有利差異）
　 (3)　19,200円（不利差異）

⑤ (1) 355,000円（不利差異）　　(2)　200,000円（有利差異）
　 (3)　14,200円（不利差異）

64 予算差異分析②

　当社は、本年度より標準直接原価計算を採用している。年度末に以下の〔**資料Ⅰ**〕の利益差異報告書が社長に報告された。この利益差異報告書および作成根拠となる〔**資料Ⅱ**〕の損益計算書をもとに、各部門の実績として記載された以下のア〜エの文章のうち、明らかに誤っているものの組合せを一つ選びなさい。なお、〔**資料Ⅱ**〕の損益計算書において、当初計画予算は、本年度の計画であり、変動予算は、実際販売量のもとで生じるはずの収益や費用を示した業績評価用の予算である。

〔資料Ⅰ〕（△は不利差異を表している）

利益差異報告書		（単位：千円）
当初計画予算の営業利益		7,000,000
販売部門における差異：		
販売量差異	（各自推定）	
価格・能率・予算差異	△6,300,000	（各自推定）
製造部門における差異：		
材料費差異	（各自推定）	
労務費差異	△400,000	
変動製造間接費差異	△600,000	
固定製造間接費差異	△1,400,000	（各自推定）
管理部門における差異：		
固定費差異	△500,000	△500,000
実際営業損失		900,000

〔資料Ⅱ〕

(単位：千円)

	当初計画予算	変動予算	実績
売上高	100,000,000	105,000,000	98,700,000
変動製造原価	60,000,000	63,000,000	63,000,000
変動販売費	10,000,000	10,500,000	10,500,000
貢献利益	30,000,000	31,500,000	25,200,000
原価差異：			
材料費差異			(各自推定)
労務費差異			400,000
変動製造間接費差異			600,000
変動販売費差異			0
調整済貢献利益			(各自推定)
固定費：			
製造間接費	12,000,000	12,000,000	13,400,000
管理費	11,000,000	11,000,000	11,500,000
営業利益	7,000,000	8,500,000	-900,000

ア．販売数量は当初計画に比べて増大している。

イ．平均販売単価は当初計画に比べて上昇している。

ウ．材料費差異は不利差異となっている。

エ．変動製造間接費差異600,000千円（不利差異）は、当初販売数量の増減により生じたものであるため、本来は製造部門において責任を問うべきではない。

　①　アイ　　②　アウ　　③　イウ　　④　イエ　　⑤　ウエ

予算差異分析③

　当期の業績は下記の〔**資料**〕が示すように、増収減益という不本意な結果となった。その要因を調べるため差異を分析することとした。下記の文章中の（　A　）～（　C　）に当てはまる数値の正しい組合せを示す番号を一つ選びなさい。

〔**資料**〕

　1．損益計算書

	前　　期	当　　期
販売数量	（　50千個）	（　55千個）
売上高	5,000千円	5,390千円
売上原価	3,900	4,312
売上総利益	1,100	1,078

　2．各種差異分析（＊には有利又は不利が入る）

　　販売数量差異は（　A　）千円の（　＊　）差異である。なお、当期の販売価格及び単位原価が前期と同一であると仮定した場合の利益の増加分である。

　　販売価格差異は（　B　）千円の（　＊　）差異である。

　　単位原価差異は（　C　）千円の（　＊　）差異である。

　　以上の結果、増収減益になってしまったものと分析できる。

	A	B	C
①	98	100	20
②	98	110	22
③	100	100	20
④	100	110	22
⑤	110	100	20
⑥	110	110	22

66 売上品構成差異の計算

当社は3種類の製品A、B、Cを取り扱っている。当期の事業に関して、以下のような〔資料〕が与えられているとき、製品Bについての売上品構成差異を求めなさい。なお、製品A、B、Cは代替性のある製品であり、また、計算上割り切れないときは、最終結果につき円位未満を四捨五入する。

〔資料〕

1．当期の営業予測（販売予算）

	製品A	製品B	製品C
販 売 数 量	30,000個	45,000個	24,000個
販 売 単 価	30,000円	45,000円	51,000円
単位変動費	20,400円	33,000円	37,500円

2．当期の販売実績

	製品A	製品B	製品C
販 売 数 量	33,000個	44,400個	25,500個
販 売 単 価	28,500円	42,600円	52,500円
単位変動費	19,500円	33,600円	39,000円

① 28,472,727円（有利差異）　② 28,472,727円（不利差異）

③ 21,272,727円（有利差異）　④ 21,272,727円（不利差異）

⑤ 7,200,000円（不利差異）

67 市場総需要量差異・市場占有率差異の計算

当社の前期の予算および実績は以下のとおりであった。限界利益の差異を分解し、下記のア～エの記述のうち誤っているものの組合せを示す番号を一つ選びなさい。

	販売価格		販売数量		単位当たり変動費		※市場占有率	
	製品A	製品B	製品A	製品B	製品A	製品B	製品A	製品B
予算	450円	1,080円	6,400個	1,600個	270円	459円	50%	50%
実績	432	1,107	7,200	1,584	297	405	60	40

※製品Aと製品Bは市場の異なる製品である。

ア．製品Aの販売数量差異（販売数量の変動が最終的に限界利益に与える作用）は144,000円の有利差異である。

イ．製品Bの変動費差異は86,400円の有利差異である。

ウ．製品Aの市場占有率差異（市場占有率の変動が最終的に限界利益に与える作用）は216,000円の不利差異である。

エ．製品Bの市場総需要量差異（市場総需要量の変動が最終的に限界利益に与える作用）は235,980円の有利差異である。

① アイ ② アウ ③ アエ ④ イウ ⑤ イエ ⑥ ウエ

第12章

資金管理と
キャッシュ・フロー管理

問題編

68 資金管理①

　以下の資金管理に関する文章のうち、誤っていると考えられるものが2つある。その記号の組合せを示す番号を1つ選びなさい。

ア．損益計算書で利益が出ていても、キャッシュ・フローが不足している場合は、「黒字倒産」する危険がある。

イ．現金および現金同等物（以下、現金）の一定期間における増減は、その期間の資産、負債および資本の増減によって説明することができる。例えば、買掛金の減少は、企業にとっての負担が減ることになるので、現金の増加をもたらすことになる。

ウ．企業の貸借対照表上の流動資産が流動負債を上回っており、流動比率が良好と判断されても、流動負債の返済時点が流動資産の換金時点よりも遅行する場合には、資金繰りが逼迫していると判断できる。

エ．一般に売上債権と棚卸資産の増加額が、買入債務の増加額を上回るため、売上高が増えると、運転資金の必要額が増加する。その結果、運転資金必要額だけ経常的に資金が不足するので、経営者は、その必要額を予め把握し、割引手形、短期借入金、自己資本などの資金を調達する必要がある。

オ．資金計算書には、資金繰り表、資金運用表、資金移動表、キャッシュ・フロー計算書の4種類がある。資金計算書の分析により、資金の獲得能力、支払

能力が明らかになるのに加えて、損益計算書や貸借対照表からでは分からない投資活動や財務活動などの企業活動も明らかになる。すなわち、資金計算書から「黒字倒産」を見抜くことができるのである。

① アイ ② アエ ③ イウ ④ ウオ ⑤ エオ

69 資金管理②

　当社では X2 年度第 1 四半期（4 月〜6 月）の予算を編成中である。下記の〔資料〕に基づき、5 月末の現金残高について正しく示している番号を 1 つ選びなさい。

〔資料〕

1．各月の売上高予算
（1）製品の月別販売数量
　　　4 月：50,000個、5 月：45,000個、6 月：45,000個、7 月：50,000個
（2）製品の予算販売単価…3,500円 / 個
2．予算編成に関する基本方針
（1）月間売上高の40%は現金で回収し、残りの60%は売掛金として翌月末に回収する。なお、貸倒れないものとする。
（2）各月末の製品所要在庫量は、翌月の製品計画販売量の20%である。
（3）各月末の原料所要在庫量は、翌月の原料計画消費量の10%である。
（4）各月において仕掛品の在庫はないものとする。
（5）月間原料購入額の50%は現金で支払い、残りの50%は買掛金として翌月末に支払う。
（6）製品原価標準は2,100円／個であるが、そのうち原料費標準は、標準価格80円／kgに標準消費量10kg／個を乗じた800円／個である。
3．労務費・諸経費予算
　4 月：154,900,000円（うち減価償却費22,940,000円）

5月：155,370,000円（うち減価償却費25,000,000円）

　　なお、減価償却費以外はすべて現金支出費用である。

　4．X1年度末（3月末）の関連する勘定残高

　　(1)　現　　金　　3,000,000円

　　(2)　売掛金　100,800,000円

　　(3)　製　　品　　21,000,000円（在庫量10,000個）

　　(4)　原　　料　　3,920,000円（在庫量49,000kg）

　　(5)　買掛金　　19,600,000円

①	3,000,000円
②	2,800,000円
③	2,950,000円
④	2,900,000円
⑤	2,850,000円

70　資金管理③

　次のア～カの記述のうち、明らかに誤っているものが2つある。その組合せとして正しい選択肢の番号を1つ選びなさい。

ア．流動資産に対する投資に必要な資金の調達方法として、積極的アプローチが存在する。これは、資産と負債の満期を適合させる方法であり、固定的流動資産に対する資金を長期的資源である固定負債と資本によって調達し、変動的流動資産に対する資金を短期的資源である流動負債から調達するものである。

イ．棚卸資産の購入から棚卸資産の販売、棚卸資産の販売から売上代金の回収までの期間をオペレーティング・サイクルと呼ぶ。これは、棚卸資産回転期間と売掛金回転期間の合計として表されることになる。また、別の観点からするとオペレーティング・サイクルは買掛金回転期間とキャッシュ・サイクルの合計

として表されることになる。

ウ．キャッシュ・サイクルは、買掛金の支払から売掛金の回収までの期間を表し、資金繰りの観点からすると少しでも短いほうが望ましいと考えられる。このキャッシュ・サイクルを短くする方法としては、棚卸資産回転期間の短縮、売掛金回転期間の短縮、買掛金回転期間の伸張の方法が考えられる。

エ．資金の調達源泉として企業所有者からの出資は、その資金のコストが一般的に借入金をはじめとする他人資本のコストよりも低いが、返済期限の定めが存在せず、また確定した利子の負担もない。このため、企業所有者からの出資も資金の調達源泉として考慮に入れていかなければならないのである。

オ．見積貸借対照表の作成による資金計画に際して、流動資産の金額は流動負債の金額を超えるように計画されなければならない。なぜならば、現金預金の形態に復帰するまでに長時間を要する固定資産に対して投下する資本は、企業から引上げられることのない自己資本、または企業から引上げられる時期の遠い固定負債という財源から調達されることが必要になるからである。

カ．借入金を利用して設備投資を行う場合には、その借入期間内に設備に投じられた資金の回収ができるように、借入金はできるだけ長期のものを使うとともに、設備投資はできるだけ資金の回収の早いものを選ぶことを考えるべきといえる。この意味において設備投資における資金調達は、実現可能性の高低は別として、増資による調達が一番適しているということもできる。

① アエ　　② アカ　　③ イオ　　④ ウカ　　⑤ エオ

71 資金管理④

　以下の〔資料〕に基づいて、当社のキャッシュ・サイクル（日数）を求めなさい。なお、各種回転期間の計算に当たっては「特定の資産（あるいは負債）に関し、特定のストックの平均残高がなくなるまでにどれだけの期間がかかるか」を示す指標ととらえ、各項目の分母に減少額を用いて算定しなさい。

〔資料〕

1. 当社は商品売買を営む商社であり売上と仕入は全て掛けで行っている。

2. 当期（1年間）の財務諸表（一部抜粋、単位：万円）は下記の通りである。

貸借対照表			損益計算書	
流動資産		流動負債	売 上 高	1,000
現　　金	100	仕入債務　140	売上原価	600
売上債権	270			
棚卸資産	180			

3. 期首売上債権は470万円、期首棚卸資産は120万円、期首仕入債務は200万円とする。

4. 仕入値（原価率）は年間を通じて一定であり、販売価格の60%である。

5. 1年間は360日、1ヶ月は30日とする。

6. 端数が生じる場合には四捨五入すること。

①	107日
②	116日
③	121日
④	122日
⑤	126日

第13章 原価管理

72 原価企画①

次のア〜オの記述について、正しいものには○、誤っているものには×を付すとき、正しい組合せを示す番号を1つ選びなさい。

ア．原価企画とは、原価発生の源泉に遡って、VE（バリュー・エンジニアリング）などの手法をとりまじえて、設計、開発さらには商品企画の段階で原価を作り込む活動である。

イ．JIT生産システム、それと融合して活用されるFA、CIMなどの言葉で表される最新鋭の生産システム、そしてQCサークルに代表される製造現場の小集団活動を通じて「絶え間ないカイゼン活動」などがそれぞれに関連しながら機能してきたことが、メイド・イン・ジャパンの製品への高い評価に結びついた。

ウ．目標の達成には、作業の節目節目でのチェックが必要である。このような活動をマイルストーン管理という。

エ．経営環境の多様化が進んでいる今日においては、製品を製造する側の理論から出発するマーケット・イン思考ではなく、市場ニーズから出発するプロダクト・アウト思考が全社的に期待される利益を確保できる製品開発の重要なポイントになっている。

オ．製品やサービスを機能の体系として把握し、機能を達成する最も安価な方法を考案・評価・選択するシステムとしてVEは発展進化してきた。

	ア	イ	ウ	エ	オ
①	〇	〇	〇	〇	〇
②	〇	〇	〇	×	〇
③	×	×	×	〇	×
④	〇	×	〇	×	×
⑤	〇	〇	×	×	〇

73 原価企画②

　次のア～オの原価企画に関連する記述のうち、誤っていると考えられるものが
2つある。その記号の組合せを示す番号を1つ選びなさい。

ア．伝統的な標準原価管理や原価改善活動が製造段階での原価管理活動であるの
　　に対して、原価企画は、商品企画、開発、設計の段階で、コスト、品質、納期、
　　信頼性といった諸目標の達成を保証する活動である。

イ．原価企画では職能横断的なチームが結成されるのが普通である。その場合
　　チームリーダーは事業部制を取っている場合は事業部長がリーダーになること
　　もあるが、設計部や商品企画部からリーダーがでていることが多い。

ウ．目標原価の設定方法としては3つの方法に大きく分けることが出来る。加算
　　方式と控除方式と擦り合わせ方式である。まず、加算方式は、過去の技術水準
　　によって達成可能な許容原価を基準に目標原価を設定する方法である。次に、
　　控除方式は、成行原価を基準として目標原価を設定する方法である。最後は、
　　擦り合わせ方式あるいは折衷方式であるが、この方式は前の2方式の折衷案で
　　ある。すなわち加算方式からの許容原価と控除方式からの成行原価との間で努
　　力すれば達成可能と思われるところで目標原価を設定するのである。

エ．VEの考え方は、機能分析を行い、顧客が期待する必要機能とその達成レベ
　　ルを決め、これらの達成方法を研究し、最も経済的にこれらの機能の作り込み
　　を行う活動である。VEは製品やサービス等の機能分析を徹底的に行うことに
　　よって製品やサービスやシステム等の価値を向上させるための思想と技法のこ
　　とである。価値を高めるにはコストダウンによる価値向上、機能向上による価
　　値向上、原価の増加を上回る機能改善の実現による価値向上、コストダウンと
　　機能向上の同時達成による価値向上など4つのアプローチが採られる。

オ．原価企画は原価の作り込みの繰り返しによって実行されるが、その運用には、
　　ラグビー方式の製品開発、クロスファンクショナルな活動、人材の多機能化、
　　情報の共有化、デザイン・インという極めて日本的な特徴が現れている。たと

えばラグビー方式の開発とは、コンカレント・エンジニアリングともよばれ、前工程が終わってそのアウトプットが順に後工程へと引き継がれていくことである。

① アウ　　② イウ　　③ イエ　　④ ウエ　　⑤ ウオ

　以下は「原価企画」に関する文章であるが、明らかに誤っている文章が3つ含まれている。誤っている文章の組合せとして正しい選択肢を1つ選びなさい。

ア．原価は製品の計画段階でその発生額の大半が決定され、生産移行後の原価低減の余地はほとんどないといえる。特にFA化・CIM化の進展した企業においては、その傾向は顕著であり、原価引き下げの視点を生産の下流段階に移行するという認識が必要となったのである。

イ．原価企画において新製品の開発・設計を担当するエンジニアは、既存の製造環境の下で、新製品に追加される機能や仕様変更によって増加する原価を加算して、達成可能な原価水準を見積もる。これを見積原価ないしは許容原価と呼ぶ。

ウ．原価企画では目標原価を実現するプロセスにおいてVEなどの工学的手法が活用される。機能と原価には一般的にトレードオフの関係性が存在すると考えられるが、VEは原価の低減を図りながら品質や性能の向上を目指すための中心的な役割を果たすことになる。

エ．VEの一種として、競合他社製品を分解して機能性や原価を学習する手法であるティアダウンや部品の共通化や標準化の支援ツールであるバラエティ・リダクション・プログラムなどが挙げられる。

オ．原価企画を成功に導くための用件ないしはインフラストラクチャーとして、オーバーラップ型の製品開発が挙げられる。これは企業内の各職能が組織の壁を越えて製品開発に向けて一丸となって進むものであり、複数のステップが同時並行的に進行するものである。

カ．わが国においては原価企画の実施にあたり、系列を軸とした部品メーカーとの協力関係が構築されており、製品の設計・企画段階から部品メーカーが共同参画を行うマーケットインが実現できる環境が存在していた。

キ．地球環境に対する配慮が企業に求められるようになってきたことから、環境

配慮型原価企画が必要とされるようになってきた。このような環境配慮型原価企画を実現するに当たって、生産やユーザーの利用段階での環境コストを作り込むための情報として、ライフサイクル・コスティングの役割が見直されてきている。

① アイエ　　② アイカ　　③ イウカ

④ イウキ　　⑤ ウエオ

75 原価企画④

次の（ ア ）～（ カ ）に当てはまる適切な用語・数値を選択し、すべて正しい組合せを示す番号を一つ選びなさい。

OH製作所（以下、当社）では、OA機器（製品a）を生産し45,000円／台で販売しているが、来年度より当社の製品と同等の機能を有する輸入製品が37,500円／台で販売される見込みである。そこで当社ではこれに対応すべく現在の製品aに代えて新製品Aを開発販売することが決定された。

新製品Aは37,500円／台で1年間に10,000台販売することが予定されており、当社では少なくとも年間5,000万円の利益を確保したいと考えている。この場合の（ ア ）は32,500円／台と分かる。当社では新製品開発のために原価企画チームが編成され、希望する仕様を基に、現状における技術水準から機能を追加した新製品の見積総原価である（ イ ）を算定したところ37,500円／台であることが分かった。そして、検討を重ねた結果、現状では達成可能であるが、相当厳しい値である（ ア ）を目標原価として設定した。当社はまず、ライバル製品である輸入品を購入し、分解し製品の分析を行う（ ウ ）やコスト・テーブルを基にVEを実施し、部品点数と作業工数を削減し、さらに検査手続きを簡略化できる製品の設計を試みた。以上の結果新製品Aは、部品点数の削減や部品納入業者とともに新たな部品の開発を行う（ エ ）により直接材料費1,750万円、作業工数の削減により直接労務費1,500万円、製造間接費750万円が削減可能となり、完成品の検査の簡略化により製造間接費900万円が減少する見込みである。したがってVE実施後の製品A1台当たりの総原価は（ オ ）円／台となる。しかし、VEを実施してもなお目標原価に達成していない。これについては、目標原価を達成すべく製造段階における原価低減である（ カ ）を実施して原価低減を図っていけば目標原価を達成できることが分かった。

用語・数値　①　マーケット・イン　　②　テアダウン
　　　　　　③　原価維持　　　　　　④　33,950

⑤	デザイン・イン			⑥	成行原価		
⑦	32,500			⑧	標準原価		
⑨	プロダクト・アウト			⑩	許容原価		
⑪	原価改善			⑫	32,600		

①	ア⑥	イ⑩	ウ②	エ⑨
②	ア⑩	ウ②	エ①	オ④
③	イ⑥	ウ⑤	エ⑨	カ③
④	イ⑩	エ⑤	オ⑦	カ⑧
⑤	ウ②	エ⑤	オ⑫	カ⑪

以下の〔**資料**〕に基づき、新製品の原価削減目標額のうち、最も大きい構成部品の名称とその金額を正しく示している番号を一つ選びなさい。

〔**資料**〕

1. 市場調査の結果、顧客の求める製品特性と各々の重要度は以下のように判明した。

顧客の求める製品特性	*顧客の評価	相対的重要性
重さ・大きさ	5	25%（= 5 ÷ 20）
使用時の安定感	5	25%
持ち運びやすさ	4	20%
機能性	4	20%
デザイン	2	10%
合計	20	100%

   ＊：5段階評価を行い、非常に重要と思う製品特性は5、重要とは思わない製品特性は1として回答。

2. 当社では、新製品の特性・競合製品の価格等を総合的に勘案した結果、新製品の販売価格を45,000円と定めた。目標利益については、販売価格の20%とした。また、算定された許容原価は実現可能と判断し、同額を目標原価として採用する。なお、目標原価のうち、製造原価に該当する部分は40%である。

3. 当社の現在の技術水準で新製品を製造すると、16,500円の製造原価がかかると見込まれる。したがって、製造原価は（　＊　）円の原価削減が必要となる。

4．顧客の望む製品特性と、新製品の構成部品との関係を示す品質機能展開マトリックス（QFDマトリックス）は以下のように作成された。

製品特性	構成部品				
	A	B	C	D	E
重さ・大きさ	◎（70%）		○（20%）	●（10%）	
使用時の安定感		◎（80%）			●（20%）
持ち運びやすさ		◎（60%）		○（40%）	
機能性		●（20%）	○（40%）		○（40%）
デザイン	●（10%）		◎（60%）		○（30%）

（注）◎：強い相関関係、○：中程度の相関関係、●：弱い相関関係、カッコ内は相関関係の程度を示している。

5．顧客の望む製品特性を維持しつつ、上記で算定された原価削減額を実現すべく、以下の機能原価分析表を作成し、顧客の重視する製品特性とそれらの重要性に基づき、新製品を構成する構成部品（A〜E）が製品特性にどの程度貢献するかを分析する。作成した機能原価分析表は以下の通りである。表中の空欄箇所は各自計算しなさい。

機能原価分析表

製品特性	構成部品				
	A	B	C	D	E
重さ・大きさ	17.5%				
使用時の安定感					
持ち運びやすさ					
機能性					
デザイン					
製品特性への貢献度					

6．以上の結果、目標製造原価と成行製造原価の比較表が以下のように作成された。

構成部品	目標製造原価		成行製造原価	
	金額	構成比率	金額	構成比率
A			3,225円	19.55%
B			6,330円	38.36%
C			2,550円	15.45%
D			1,500円	9.09%
E			2,895円	17.55%
合計			16,500円	100%

（注）表中の空欄箇所は各自計算しなさい。

	構成部品の名称	原価削減目標額
①	A	561円
②	A	1,380円
③	B	1,146円
④	B	1,332円
⑤	E	591円

第14章
活動基準原価計算・活動基準原価管理

77 ABCに関する計算問題①

　当社は実際原価計算を採用し、製品1と製品2を製造販売している。当月の製造間接費は9,680,000円であった。以下の〔資料〕に基づき、製造間接費の計算を活動基準原価計算によった場合、製品2の単位当たり利益は、伝統的製品原価計算（直接作業時間をもとに配賦）によった場合と比べていくら減少するか、正しい金額を示す番号を一つ選びなさい。計算過程において端数が生じた場合には円未満を四捨五入すること。

〔資料〕

1．伝統的製品原価計算に関するデータ

	製品1	製品2
月間生産販売量	5,000単位	1,000単位
販売価格	5,000円	8,000円
単位当たり直接材料費	1,000円	1,500円
単位当たり直接労務費	1,200円	2,000円
単位当たり直接作業時間	1.2時間	2時間

2．活動原価および原価作用因に関するデータ

（1） 活動原価

機械作業活動	倉庫出庫作業	品質検査活動	設計活動
2,860,000円	2,420,000円	3,600,000円	800,000円

（2） 原価作用因

	製品1	製品2
機械作業時間	単位当たり2時間	単位当たり3時間
倉庫出庫回数	50単位につき1回	10単位につき1回
品質検査回数	20単位につき1回	5単位につき1回
設計・指図書作成時間	月30時間	月50時間

①	310円
②	1,142円
③	1,550円
④	3,970円
⑤	7,470円

次の〔資料〕に基づき、伝統的原価計算と活動基準原価計算により、乙製品の製造間接費単位負担額をそれぞれ算定し、正しい組み合わせのものを1つ選びなさい。ただし、伝統的原価計算においては機械稼働時間を基準として配賦を行う。

〔資料〕

1. 生産量および活動量

	甲　製　品	乙　製　品
生産ロット数	10ロット	8ロット
生産命令数量	500個／ロット	20個／ロット
機械稼動時間	2時間／個	2時間／個
修 繕 回 数	5回	8回
材料受入回数	3回	12回

2. 製造間接費実際発生額およびコスト・ドライバー

費　　目	コスト・ドライバー	金　　額
機械関連費	機械稼働時間	5,160千円
段 取 費	生産ロット数	3,960千円
購 買 費	材料受入回数	2,078千円
修繕維持費	修 繕 回 数	3,250千円

	伝統的原価計算	活動基準原価計算
ア	5,600円	11,165円
イ	2,800円	17,731円
ウ	5,600円	27,098円
エ	2,800円	34,890円
オ	2,800円	279,120円

① ア　② イ　③ ウ　④ エ　⑤ オ

79 ABCに関する理論問題

次のア～オの活動基準原価計算（ABC）に関する文章のうち、妥当でないものはいくつあるか。

ア．ABC は従来の間接費配賦計算の問題点を克服する手段である。したがって、ABC における原価作用因として、間接費配賦計算で用いられてきた直接作業時間や機械稼働時間を用いることはない。

イ．資源のコストを資源ドライバーによって活動に跡付け、その活動のコストを活動ドライバーによって原価計算対象である製品、サービスへと跡付ける。

ウ．特定の活動に焦点を絞って、その合理性を追及する場合の基礎資料を提供する。

エ．期間損益計算のための製品原価の計算を目的としているので、経営戦略への利用は適切でない。

オ．ABC では、伝統的製品原価計算で配賦していた間接費を、直課するように作用しているといえる。

 ① 1個 ② 2個 ③ 3個 ④ 4個 ⑤ 5個

80 ABC・ABM

次の Activity-Based Costing（ABC）および Activity-Based Management（ABM）に関するア～エの記述のうち、明らかに誤っているものが二つある。その記号の組合せを示す番号を一つ選びなさい。

ア．ABC は、間接費の配賦システムとして、原価割当の視点を重視するのに対して、ABM は、プロセスの視点を重視し、企業が生産的活動を通じて創出した新しい価値（付加価値）に焦点が当てられている。

イ．ABM では、活動分析、業務コスト・ドライバー分析、業績分析の3つが実施される。

ウ．ABM は ABC を活用して原価の低減などの原価管理に適用するものであるため、ABC を行っていなければ、ABM を実施することができない。

エ．活動分析は、ABM の中核をなすものであり、ABM の目的を達成するためには、最終的に価値付加的活動の効率化と、価値非付加的活動の削除を含めた業務プロセス全体の改善が行われる。

① アイ　　② アウ　　③ アエ　　④ イウ　　⑤ ウエ

第15章
差額原価収益分析

81 特殊原価概念

　次に掲げる3つの原価概念について、最も関係が深い記述として妥当なものの組合せを下記の選択肢の中から1つ選びなさい。

　　1．差額原価（differential cost）
　　2．機会原価（opportunity cost）
　　3．未来原価（future cost）

1．差額原価について

　a．業務活動の変更から生ずる原価総額の増加をいい、意思決定の結果増加する原価をいう。

　b．意思決定のいかんによっても変化しない原価である埋没原価の反対概念であり、個別計画設定における代替案の原価比較に際して用いられる総原価の増減額である。

　c．操業度の増減、セールズ・ミックス等によって増減する原価をいい、変動費から生ずるものである。

　d．意思決定のために代替案の比較考量の対象となる関連原価であり、その下位概念として増分原価、減分原価、埋没原価等が挙げられる。

2．機会原価について

　a．代替案の選択によって、将来の現金支出を伴わないかまたは現金支出の一

部を伴う原価をいう。

　ｂ．断念した機会の利益であり、それには会計上の利益だけでなく便益も含まれる原価概念である。

　ｃ．特定の代替案を選定した結果として、失うこととなった機会から得られるであろう最大の利益額である。

　ｄ．いかなる時でも実際の現金支出を伴うものではなく、その結果、財務会計上の記録には現れないが、原価計算を行う人の立場から見ると、その価値犠牲額を計算できるような原価である。

３．未来原価について

　ａ．現在の業務活動の能率にほとんどまたは全然影響を及ぼさないで、将来に延期できる原価をいい、機械設備の修繕費が代表的な例である。

　ｂ．歴史的原価の反対概念であり、経営者の行う意思決定のための将来指向的な原価であるため、特殊原価の本質的原価概念でもある。

　ｃ．実際原価の反対概念であり、その範囲は特殊原価調査に限定されず、原価計算制度における標準原価、予算原価、見積原価等をも含む原価概念である。

　ｄ．未来原価は、将来において発生すると予想される原価をいい、取替原価、機会原価、差額原価を包括する概念である。

	1	2	3
①	a	a	a
②	b	c	c
③	a	c	d
④	b	d	b
⑤	a	b	b

82 部品の自製か購入かの意思決定

次の文中の（　ア　）から（　エ　）に当てはまる数値と用語の正しい組合せを示す番号を一つ選びなさい。なお、（　※　）に入る数値は各自で算定すること。

〔資料〕

X社では現在、X社で使用している特殊な部品Aを外部サプライヤーから購入しているが、これをX社で製造するかどうかの検討をしている。部品Aの必要量については、今後1年間は4,000個で変更がないと仮定する。部品Aを4,000個購入すると、1個4,200円で購入できるが、運送費が年間50万円発生する。また、購入の場合には、X社所有の倉庫の減価償却費としての倉庫費が内部副費として部品A1個当たり10円予定配賦される。

部品Aを製造する場合、部品A1個当たりの材料費は3,000円であり、部品A4,000個を作るのに必要な従業員は1人で、その人件費は500万円であるが、この従業員は、現在は他の業務に従事しており、部品Aの製造にかかわらず人件費は同額発生する。また、この部品Aを製造するための専用機械として、もともと遊休となっていたが必要な維持補修を行っていた機械を使用することが必要である。この使用により、当該機械は今後3年間減価償却費が毎年300万円発生するとともに、操業のために毎年300万円必要となる。なお、部品Aは必要な都度製造しているため、倉庫費は予定配賦されない。

以上のような条件に基づいて、当面の1年間に限定して、両案の有利・不利関係を計算してみることにする。部品Aを4,000個X社で製造した場合は、購入した場合に比べて（　ア　）円だけ（　イ　）となるため、（　ウ　）する案を選択すべきである。なお、X社で製造する場合の部品Aの製造原価のうち、（　※　）円は（　エ　）なので、意思決定上考慮する必要はない。

	ア	イ	ウ	エ
①	2,300,000	有利	X社で製造	埋没原価
②	2,340,000	有利	X社で製造	差額原価
③	2,660,000	不利	購入	埋没原価
④	5,660,000	不利	購入	差額原価
⑤	1,800,000	不利	購入	埋没原価

83 追加加工の意思決定①

当社は製品Aを生産し、販売している。製品Aに関する〔**資料**〕は次のとおりである。

	製品A
販 売 数 量	2,000個
販 売 単 価	2,500円
直接材料費	600円
変動加工費	1,200円
加 工 時 間	3時間

ここで、製品Aに追加加工を施し、より収益性の高い製品A_2として販売する代替案がある。ただし、当社は完全操業の状態にある。

製品A_2の販売単価は3,500円であり、製品A1個をA_2にするために必要な加工時間は1時間である。追加加工に必要な1時間あたりの変動加工費は変化しないものと予想されている。

①〜⑤は以上の記述に基づいて代替案を会計的に分析した結果、現状を維持する場合に比した有利性を示している。正しいものを1つ選びなさい。

① 1,400,000円　② 550,000円　③ 800,000円

④ 2,000,000円　⑤ 1,200,000円

追加加工の意思決定②

当社は現在、連産品A1,500kg・B2,000kgを製造し、これらに追加加工を施し、製品A・Bとして販売している。この状況が続く場合、当社があげることのできる最大の利益を算定し、正しいものを1つ選びなさい。

〔資料〕

1．製品A・Bとして販売した場合の損益計算書

製品別損益計算書（単位：円）

	製 品 A	製 品 B
売 上 高	1,500,000	1,200,000
売上原価	773,250	573,000
利 益	726,750	627,000

2．連産品A・Bとして販売した場合の損益計算書

連産品別損益計算書（単位：円）

	連産品 A	連産品 B
売 上 高	1,350,000	800,000
売上原価	641,250	380,000
利 益	708,750	420,000

3．連産品の追加加工に当たって、歩減等は一切発生しない。

4．結合原価は正常市価に基づいて各品に按分する。

5．追加加工費は、連産品Aが@150円、連産品Bが@50円であり、追加加工の意思決定は各品ごとにすることができる。

①	1,128,750円
②	1,146,750円
③	1,335,750円
④	1,353,750円
⑤	1,428,750円

85 受注可否の意思決定

　当社では、ある単一製品を製造販売している。現在の製造及び販売数量は、年間40,000個であり、生産能力の50,000個にはやや余裕がある。次年度も、当期と同じく40,000個の販売の予定であったがこの余裕分の操業につき以下の2つの代替案が出ている。どちらの案を選択すべきか①～⑤の中から選んで答えなさい。

〔第1案〕売価引下案

売　　価	9,000円／個	販売個数	48,000個
製造原価		販　管　費	
変動費	4,000円／個	変動費	1,000円／個
固定費	75,000,000円	固定費	49,800,000円

〔第2案〕大手チェーンストアとのプライベートブランド契約受注併用案

　　従来の売価10,000円を維持しつつ、大手チェーンストアからの引き合いに応じようとするものである。販売及び製造条件は次の通りである。

	従来分	追加受注文
売　　価	10,000円／個	7,000円／個
販売個数	40,000個	8,000個
製造原価 　変動費	4,000円／個	4,200円／個
固定費	75,000,000円	
販管費 　変動費	1,000円／個	300円／個
固定費	49,800,000円	1,200,000円

	選択すべき案	差額利益
①	第1案	17,800,000円
②	第2案	17,800,000円
③	第1案	26,800,000円
④	第2案	26,800,000円
⑤	第1案	18,600,000円

86 プロダクトミックス

以下の記述のもとで、生産されるものはすべて販売できるものと仮定するとき、当社にとって最適な生産計画のもとであげることのできる営業利益はいくらになるか正しい解答の番号を1つ選びなさい。

2種類の製品XとYを生産し、販売している当社の会計担当者は、当社の利益が最大になる1ヶ月の生産量を決定しようとしている。

XとYの販売単価はすでに、600,000円と1,000,000円にそれぞれ定められている。原価データは以下のとおりであった。

XとYに共通する標準価格等は、直接材料費が1トン当たり40,000円、直接労務費が作業時間当たり1,100円、製造間接費が機械時間当たり1,200円である。なお、製造間接費の配賦は機械時間によるものとし、予定操業度1,200機械時間とするときの月間予算額1,440,000円（変動間接費600,000円、固定間接費840,000円）から計算されている。

XとYの1単位の生産には、直接材料をそれぞれに3トンと5トン、直接作業時間をそれぞれに100時間と200時間、機械時間をそれぞれに250時間と800時間、各々投入することが必要である。材料については取引先からいくらでも購入することができるが、直接作業時間と機械時間には、1ヶ月にそれぞれ8,000作業時間と26,000機械時間を超えることはできないという制約がある。また、販売担当者から、Xの生産は56単位までに抑えるよう要求されている。

①	19,600,000円
②	18,760,000円
③	15,580,000円
④	15,040,000円
⑤	12,560,000円

87 経済的発注量の算定

当社では当初、以下の〔資料〕をもとに経済的発注量（EOQ）を求めたが、倉庫の収容能力や運転資金の調達に制約があることから、当初案の経済的発注量よりも100ロット少ない数量で発注を行うことにした。これにより年間でいくらのコストアップを余儀なくされるか。選択肢のうち正しい番号を一つ選びなさい。

なお、100ロット少ない数量で発注を行っても、〔資料〕に示した各条件は変わらない。また、保管費と発注費はそれぞれ平均在庫量と発注回数に比例して発生し、安全在庫の保有や品切れにかかるコストは考慮しないものとする。

〔資料〕

1. 材料の年間予定総消費量 　　　　12,000ロット
2. 材料1ロットあたりの年間保管費 　　　400円
3. 発注1回あたりの発注費 　　　　6,000円

① 　4,000円　　② 　8,000円　　③ 　12,000円

④ 　16,000円　　⑤ 　20,000円　　⑥ 　24,000円

第16章
投資計画の経済性計算

問題編

88 加重平均資本コストの計算と設備投資案の評価

　当社では、現在次期の設備投資予算1,000百万円を甲設備を導入するために使用すべきか検討中である。そこで、以下の〔資料〕に基づいて投資案の評価を正味現在価値法によって行いなさい。

〔資料〕

1. 甲設備の予定取得価額は200百万円、法定耐用年数は4年、経済命数は3年である。

2. 甲設備の残存価額は取得価額の10%であり、定額法で減価償却を行う。

3. 経済命数経過後の処分価値は30百万円である。

4. 甲設備を導入して製造販売する製品Yの予定販売価格は1,500円／個である。

5. 製品Yの予定年間販売数量は甲設備導入後1年目は15万個、2年目は13万個、3年目は10万個である。

6. 製品Yの予定変動費は700円／個である。

7. 製品Yを製造販売するに当たり、甲設備の減価償却費以外に30百万円の固定費の支出が必要となる。

8. 設備投資にあてられる資金の調達源泉別税引前資本コスト

資金調達源泉	調達資金量	資本コスト
長 期 借 入 金	200百万円	3 %
普 通 株	700百万円	8 %
留 保 利 益	100百万円	6.5%
	1,000百万円	

　（注）資本コストは税引前の数値である。また、上記の資料により求めた税
　　　　引き後資本コストに1.4%のリスクプレミアムを上乗せして、慎重に意
　　　　思決定を行うことにした。資本コストの算定上、パーセント未満の端数
　　　　が生じた場合は、最終結果につき端数を切り捨てること。

9. 法人税率は40%である。

10. 経済命数経過後の設備売却に伴う売却損益については、当該期の損益として
　　認識する。

11. 当社は毎年利益を上げており、この基調は向こう数年変わらないと予想され
　　る。

12. 原価係数表

n／r	5 %	6 %	7 %	8 %	9 %	10%
1	0.9524	0.9434	0.9346	0.9259	0.9174	0.9091
2	0.9070	0.8900	0.8734	0.8573	0.8417	0.8264
3	0.8638	0.8396	0.8163	0.7938	0.7722	0.7513

① 　　704千円　　② 　−6,238千円　　③ 　−24,484千円

④ 　−6,810千円　　⑤ 　−30,624千円

89 設備投資の評価方法の比較

　設備投資の経済性計算の各種評価方法に関する以下の表の、ア～エに当てはまる語句または文章として妥当なものの組合せを下記の選択肢の中から１つ選びなさい。

評価方法	意　義	長　所	短　所	経済性の判断指標
回 収 期 間 法	ア			
内 部 利 益 率 法		イ		
正味現在価値法			ウ	
現在価値指数法				エ

アについて

　a．ある投資から生み出される現金収入の額が、その投資を行うにあたって必要とされた現金支出額に等しくなるまでに要する期間によって評価する方法である。

　b．計画案の現金流入額の現在価値を投資の現金流出額と等しくするような割引率を求め、これによって各プロジェクトを評価する方法である。

　c．２つ以上の代替案を比較して、年額原価の低い案を採択する方法である。

　d．プロジェクトの経済命数にわたって得られる平均利益と投資額の関係比率を求め、これによってプロジェクトを評価する方法である。

イについて

　a．時間価値を考慮しており、かつ、利益の大小が決定要因となるとき、資金効率を考慮しているため正しい意思決定を行うことができる。

　b．投資規模を考慮することができ、相互排他的な投資案の正しい順位づけが可能となる。

　c．必要な資料が入手しやすく容易に収益性の判断が可能となる。

　d．投資利益率法と比較して時間価値を考慮していることからも、より正確なプロジェクトの収益性を判断できる。

ウについて

a. 投資回収後の収益性が考慮できない。

b. 収益面は考慮できないので、取替投資には、適するものの拡張投資に不向きな評価方法である。

c. キャッシュフローの大きさは判断できても資金調達に制約がある場合には資金効率が不明なため、意思決定を誤るおそれがある。

d. 埋没原価を控除した会計上の利益で収益性を、判断してしまう。

エについて

a. 原価節約額で判断する。

b. 収益性−利益額で判断する。

c. 収益性−資金効率で判断する。

d. 収益性−利益率で判断する。

	ア	イ	ウ	エ
①	a	c	b	d
②	a	d	c	c
③	b	b	a	a
④	c	a	b	c
⑤	c	a	c	b

90 設備投資の経済性計算①

当社では、来期首において新規に機械設備を導入し、製造コストの削減を検討している。検討しているのはXまたはYの2つの設備を導入する投資案であるが、資金的な制約からどちらか一方の投資案のみ採択可能である。

①〜⑤は以下に示す計算条件に基づいて、A〜Cのそれぞれ異なる評価方法に基づいて2つの投資案（X設備導入案およびY設備導入案）を評価した結果、Y設備導入案が有利であるものを示している。正しいものを1つ選びなさい。

	評価方法
A	収益性指数法
B	回収期間法
C	投資利益率法

（計算条件）

1．各設備

⑴　取得原価はX設備が600百万円、Y設備が900百万円である。

⑵　耐用年数3年による定額法（残存価額はゼロ）を適用し減価償却を実施する。

⑶　耐用年数到来時の処分価額はゼロと見込まれている。

2．設備の取得にかかるキャッシュ・フローは来期首において発生するものとし、また、新規設備稼働期間中にもたらされるキャッシュ・フローは当該各期間末において発生するものとする。

3．各期において生ずるキャッシュ・フローは法人税等の影響を考慮するものとし、法人税等の税率は40％とする。なお、税金にかかるキャッシュ・フローは期末において生ずるものとする。

4．製造コストの削減および減価償却費の増加によってもたらされる毎期のキャッシュ・フローの流入額は以下のとおり見込まれている。なお、これらは法人税等の影響を考慮したあとの金額である。

（単位：百万円）

	1年度	2年度	3年度
X設備	260	260	260
Y設備	440	390	330

5．その他の資料

(1) 投資利益率法においては、平均の税引後利益と総投資額を用いた評価を行っている。

(2) 現価係数は以下のとおりである。なお、当社の資本コストは11％である。

n ＼ r	9 %	10%	11%	12%	13%	14%	15%
1	0.9174	0.9091	0.9009	0.8929	0.8850	0.8772	0.8696
2	0.8417	0.8264	0.8116	0.7972	0.7831	0.7695	0.7561
3	0.7722	0.7513	0.7312	0.7118	0.6931	0.6750	0.6575

(3) 指数について端数が生ずる場合には、小数点第3位を四捨五入する。

① B ② C ③ A－B ④ B－C ⑤A－B－C

現在、当社は新規投資案であるＡ案とＢ案を検討している。〔資料１〕から〔資料３〕に基づいて適切な文章を示す選択肢を１つ選びなさい。

〔**資料１**〕　Ａ案を採用した場合

新規設備ＡによりＡ製品を製造販売する。新規設備Ａの予定取得原価は1,000百万円、法定耐用年数は３年、経済命数は２年である。また、新規設備の残存価額は取得原価の10％であり、経済命数経過後の処分価値は500百万円である。なお、減価償却費は定額法により計算する。

Ａ製品を製造販売した場合の税引前利益は550百万円であり、減価償却費を除きすべて現金によるものとする。

〔**資料２**〕　Ｂ案を採用した場合

新規設備ＢによりＢ製品を製造販売する。新規設備Ｂの予定取得原価は1,400百万円、法定耐用年数は４年、経済命数は２年である。また、新規設備の残存価額は取得原価の10％であり、経済命数経過後の処分価値は700百万円である。なお、減価償却費は定額法により計算する。

Ｂ製品を製造販売した場合の税引前利益は615百万円であり、減価償却費を除きすべて現金によるものとする。

〔**資料３**〕　その他の計算条件

(1)　法人税率は40％である。

(2)　新規設備は２年後の会計年度末に売却する。

(3)　当社の資本コスト率は７％であり、計算においては以下の現価係数表を利用する。

r ＼ n	１年後	２年後
７％	0.9346	0.8734

①　**Ａ案の方がＢ案より79.1448百万円有利であるため、Ａ案を採用すべきである。**

② A案の方がB案より68.2968百万円有利であるため、A案を採用すべきである。

③ A案の方がB案より84.5688百万円有利であるため、A案を採用すべきである。

④ B案の方がA案より84.5688百万円有利であるため、B案を採用すべきである。

⑤ B案の方がA案より68.2968百万円有利であるため、B案を採用すべきである。

当社は旧機械に替えて新型の機械に取り替える案を検討中である。旧機械は2年前に40,000千円で購入したもので、このままあと4年間使用することができるが、新機械に替えると年々の現金による操業費が20,000千円節約されると予想される。新機械の原価は備え付け費を含めて72,000千円である。旧機械の現時点での処分価額は16,000千円、4年後には4,000千円と予想される。新機械の4年後の処分価額は10,000千円と予想される。

以下の仮定のもとで、新機械に取り替えるべきかどうかについての意思決定を正味現在価値法を用いて行いなさい。

ア．すべてのキャッシュ・フローは年度末に発生する。

イ．設備の取り替えによる売却損益に基づく税効果は、売却時点に発生する。

ウ．当社は利益が生じている会社で、今後数年間継続すると見込まれる。

エ．旧機械、新機械ともに耐用年数6年、残存価額は取得価額の10%として定額法による減価償却を行う。旧機械はすでに使用開始から2年が経過している。

オ．法人税率は40%とする。

カ．当社の資本コストは8％である。8％のときの現価係数等は以下のとおり。

	現価係数	年金現価係数	資本回収係数
1年	0.9259	0.9259	1.0800
2年	0.8573	1.7832	0.5608
3年	0.7938	2.5770	0.3880
4年	0.7350	3.3120	0.3019

① 旧機械を使用するほうが、3,587.44千円有利である。

② 旧機械を使用するほうが、1,518.80千円有利である。

③ 新機械を使用するほうが、2,440.24千円有利である。

④ 新機械を使用するほうが、4,840.24千円有利である。

⑤ 新機械を使用するほうが、113,264千円有利である。

当社は内部利益率（Internal Rate of Return: IRR）法によってA設備（生産能力：600,000時間／年）を購入し、将来が有望な製品X（販売単価：190円／個）を製造販売すべきか検討している。予定されている設備投資の投資額と当該投資にかかる正味キャッシュ・フローは〔資料〕のように見積もられる。〔資料〕に基づいて％未満第三位を四捨五入したIRR（例：4.567％→4.57％）を計算し正しいものを1つ選びなさい。なお、当社の資本コストは8％である。

〔資料〕

1．A設備の取得原価は1,911,000円である。また、残存価額はゼロであり、定額法により3年間で減価償却を行う。

2．製品Xの製造・販売等に関するデータ

変動費：70円／個

固定費：1,000,000円（すべて現金支出を伴うものである）

製品X1個の製造には40時間を要する。

市場における需要

1年目：15,000個 　　2年目：16,000個 　　3年目：17,000個

3．現価係数表

n＼r	3 %	4 %	5 %	6 %	7 %	8 %
1	0.9709	0.9615	0.9524	0.9434	0.9346	0.9259
2	0.9426	0.9246	0.9070	0.8900	0.8734	0.8573
3	0.9151	0.8890	0.8638	0.8396	0.8163	0.7938
n＼r	9 %	10%	11%	12%	13%	14%
1	0.9174	0.9091	0.9009	0.8929	0.8850	0.8772
2	0.8417	0.8264	0.8116	0.7972	0.7831	0.7695
3	0.7722	0.7513	0.7312	0.7118	0.6931	0.6750

	内部利益率
①	12.12%
②	12.32%
③	12.52%
④	12.68%
⑤	12.88%

第17章
分権組織と
グループ経営の管理会計

問題編

94 分権組織とグループ経営の管理会計①

　当社は、A事業部とB事業部の二つの事業部を有しており、A事業部の管理可能使用資本は100百万円、B事業部の管理可能使用資本は300百万円である。また、両事業部とも共通固定費及び租税の配賦額が事業部営業利益から差し引かれて事業部税引後営業利益が算定される。共通固定費及び租税の配賦額は合理的な配賦基準は無いが、便宜的に売上高を基準に配賦している。以下の〔資料〕に基づき行った業績評価の判断を述べているア～エのうち、誤っていると思われるものが二つある。その記号の組合せを示す番号を一つ選びなさい。

〔資料〕事業部別損益計算書および使用資本（単位：百万円）

		A事業部	B事業部
I	売上高	500	2,500
II	変動費	250	1,250
	貢献（限界）利益	250	1,250
III	管理可能個別固定費	100	700
	管理可能営業利益	150	550
IV	管理不能個別固定費	50	250
	事業部営業利益	100	300

Ⅴ　共通固定費及び租税の配賦額	47	235
事業部税引後営業利益	53	65
事業部使用資本	150	600

ア．事業部長の業績評価を管理可能性原則と最も整合する使用資本利益率を用い
て行うと、A事業部は100%、B事業部は91.7%となる。

イ．事業部長の業績評価を管理可能性原則と最も整合する残余利益を用いて行う
と、A事業部は140百万円、B事業部は520百万円となる。ここで両事業部とも
加重平均資本コストを10%と仮定する。

ウ．事業部自体の業績評価を両事業部が納得するであろう利益を使用して使用資
本利益率を計算すると、A事業部がB事業部を24.5%上回る。

エ．両事業部の業種が大きく異なるような場合には、事業部間の比較だけでなく、
他企業との比較を行うことが有用となる。事業部間や他企業との比較に用いる
指標は残余利益よりも使用資本利益率が望ましい。

① アイ　　② アウ　　③ アエ　　④ イウ　　⑤ イエ　　⑥ ウエ

95 内部振替価格

次の文中の（　ア　）～（　エ　）に当てはまる最も適切な数値及び用語の組合せを示す番号を一つ選びなさい。

当社はA事業部とB事業部の二つの事業部を持つ会社である。A事業部は部品Aを製造しており、月間の基準営業量（基準操業度）が50,000個である。部品Aには外部市場がなく、A事業部は部品AをすべてB事業部に振り替えている。B事業部はA事業部から振り替えられた部品Aを用いて製品Bを製造（部品A1個につき製品B1個製造）している。B事業部には、忌避権がなく、必要量のすべてをA事業部から購入することになっている。単位当たりの部品Aの標準変動費は6,000円、標準固定費は4,000円である。B事業部では、標準変動費3,000円、標準固定費は3,000円を費やして部品Aを製品Bに仕上げる。

なお、内部振替価格に全部標準原価を採用すると、基準営業量で算定した場合の営業利益は、A事業部が（各自算定）円、B事業部が130,000,000円となる。

なお、両事業部の生産キャパシティは他に転用がきかず、固定費全額が埋没原価である。両事業部を休止した場合に比べて、両事業部を基準営業量で操業させた場合の月間の会社全体の差額利益は（　ア　）千円となる。全社の観点からは両事業部を操業させることが有利である。

インセンティブを高める振替価格を設定したいということで、両事業部長は協議を行い、上記で算出した差額利益を標準変動費を基準に両事業部で分け合うことにした。限界原価基準による交渉価格は（　イ　）円となる。

仮に、部品Aに外部市場が存在し、市価が14,000円であり、かつ、B事業部にも忌避権が存在する場合を想定する。各事業部が事業部営業利益を最大にしようとするならば、上記の振替価格を全部標準原価基準、限界原価基準による交渉価格、市価基準の3つの基準から選択する場合、A事業部は（　ウ　）を、B事業部は（　エ　）を選択することになる。

	ア	イ	ウ	エ
①	780,000	12,400	全部標準 原価基準	全部標準 原価基準
②	480,000	15,400	限界原価基準 による交渉価格	市価基準
③	450,000	9,200	市価基準	限界原価基準 による交渉価格
④	300,000	9,200	限界原価基準 による交渉価格	市価基準
⑤	480,000	12,400	市価基準	全部標準 原価基準
⑥	780,000	15,400	全部標準 原価基準	限界原価基準 による交渉価格

96 企業価値①

　当社では経済付加価値を用いて事業部の業績評価を行っている。経済付加価値は、社内税金を差し引いたあとの事業部総利益から、事業部使用資本に対する資本チャージを差し引いて計算する。以下の〔資料〕に示すA事業部の損益、資産、負債のデータをもとに、経済付加価値を計算し、正しい数値を示す番号を一つ選びなさい。

〔資料〕

1．損益計算書

A事業部損益計算書（単位：千円）	
売　　上　　高	40,000
売　上　原　価	19,000
売　上　総　利　益	21,000
販売費・一般管理費	9,000
事　業　部　営　業　利　益	12,000
本　社　費　配　賦　額	（各自推定）
事　業　部　総　利　益	（各自推定）

2．資産・負債データ

A事業部資産負債表（単位：千円）

事 業 部 流 動 資 産	
売 掛 債 権	6,000
棚 卸 資 産	4,000
事 業 部 固 定 資 産	
土 地	18,000
建 物	4,000
機 械 ・ 設 備	8,000
事 業 部 流 動 負 債	
買 掛 債 務	4,000

3．計算条件

(1) 社内税金の税率は事業部総利益に対して40％とする。

(2) 資本コストは7％を適用する。

(3) 当社では本社費の配賦基準に事業部の総資産額を用いている。

(4) 本社費総額は15,000千円であり、A事業部以外の総資産額は合計で200,000千円である。

① 2,600千円　② 2,880千円　③ 3,180千円

④ 4,400千円　⑤ 4,680千円

以下の〔資料〕に基づき、0年度末時点の企業価値に有利子負債を調整した株主価値を計算し、正しい番号を一つ選びなさい。

〔資料〕

1．事業計画情報（単位：百万円）

	1年度	2年度	3年度
営業利益（税引前）	500	550	600
減価償却費	250	300	320
運転資本増減	20	−10	−10
設備投資額	500	400	300

2．資産負債の状況（0年度末）
　(1)　有利子負債残高：1,200百万円
　(2)　遊休不動産：200百万円

3．3年を超える期間に関する継続価値は成長率を考慮し4,875百万円と推計された。

4．実効税率は40％とする。

5．加重平均資本コストは9％とし、現価係数は次のとおりである。

1年	2年	3年
0.917	0.842	0.772

6．解答数値の百万円未満の端数は四捨五入するものとする。

7．運転資本増減の正の値は投資額を、負の値が回収額を意味している。

①	3,294百万円
②	4,094百万円
③	4,294百万円
④	4,494百万円
⑤	5,275百万円
⑥	5,475百万円

98 分権組織とグループ経営の管理会計②

分権組織とグループ経営に関する以下のア～キの記述のうち、誤っていると考えられる記述が3つある。その記号の組合せを示す番号を選択肢から1つ選びなさい。

ア．事業部間における内部振替価格として市価基準による振替価格を用いるのが適切な場合とは、振替品に外部市場が存在し、供給事業部に遊休生産能力がある場合である。

イ．事業部間における内部振替価格として市価基準による振替価格を有効に機能させるためには、各事業部に忌避宣言権を認める必要がある。

ウ．事業部長の業績評価を行う際には、残余利益を用いれば全社的に望ましい意思決定との整合性が保てなくなるおそれがあるため、投資利益率によるべきである。

エ．EVA® は、実質的に単年度で見た場合の株主資本の純増減分を表すため、これを報酬制度とリンクさせることですべての従業員がオーナーのように考えて行動するエンパワーメントの手段として有効なものとなる。

オ．各事業部に対して本社費を配賦する場合には、各事業部の本部資産や共通用役の利用度に応じるのが望ましいが、合理的な配賦基準を得るのは困難なことが多い。しかし本社費は、長期的な観点からの利益目標の一部として、従業員数や負担能力等に応じて各事業部に配賦される。

カ．社内資本金制度とは、事業部ごとに貸借対照表を作成し、その貸方に事業部借入金・事業部資本金・事業部剰余金等の項目を設定する管理会計技法の総称のことをいう。事業部に対して擬似的に資本を割り当てることで、その資本に対して一定以上の利益を獲得させるような行動をとらせることが可能となる。

キ．日本におけるカンパニー制は、各カンパニーをあたかも独立した会社とみなし、各カンパニーは投資決定、人事、外部からの資金調達等の権限を有する。

①	ア	ウ	キ
②	イ	ウ	オ
③	ウ	エ	キ
④	ウ	カ	キ
⑤	ウ	オ	カ

第18章 その他の論点

99 バランスト・スコアカード

　バランスト・スコアカード（以下、BSC）の特徴に関する次のア〜オの記述のうち、正しいものには○、誤っているものには×を付すとき、正しい組合せを示す番号を1つ選びなさい。

ア．BSC は業績を財務、顧客、内部プロセス、学習と成長の4つの視点で評価する。具体的な尺度が企業の成功のための戦略に結びつけられるべきであり、財務的尺度は過去の業績に焦点を置いている一方で、他の尺度は会社が将来の株主価値を創造するために行っていることを評価する。

イ．従来から日本企業では OJT（On-the-Job Training）などが有効に機能していたため従業員個人の業務能力を向上させるという目標と、与えられた業務を効率的に実施するという組織の目標が一致するため、目標管理制度が有効に機能している事例が多い。そのため目標管理のための制度に代わり BSC を利用する必要性は低いと指摘される。

ウ．BSC では経営戦略を通常4つの視点に分類し、それぞれの視点から「戦略目的」、戦略目的の達成度を測定する「尺度」（重要業績評価尺度：KPI（key performance indicators）重要業績評価尺度はさらに成果指標と先行指標に分けられる）、そこから「目標値」と「実績値」さらに「施策」が設定される。この時、戦略目的と明確な因果関係があるもの以外が KPI に選ばれることは

ない。

エ．BSC を予算のプロセスに統合することによって、戦略の実行を動機づけ、管理するためのフレームワークを提供するのみならず、トップマネジメントレベルにおける戦略的学習を促進し、ダブルループの組織学習を通じて、戦略自体を進化させることが可能となる。

オ．BSC を成功させるためには、それぞれの指標において目標が設定されている必要がある。また、目標を達成するためにはイニシアチブが作られるべきであり、特定の管理者が目標達成の責任を負うべきである。企画への経済的支援はトップ・マネジメントによるスコアカードの支援と同様に重要である。

	ア	イ	ウ	エ	オ
①	○	×	○	○	○
②	×	○	○	○	○
③	○	○	×	×	×
④	○	×	×	○	○
⑤	×	○	○	○	×

下記のデータは、OH 工業株式会社における過去 2 年分の品質関連コストである。最も適切な計算結果の組み合わせを示している番号を一つ選びなさい。

	20X8年	20X9年
材料受入検査費	3,900,000円	4,350,000円
予防保全活動費	7,200,000円	8,250,000円
不合格品の補修費	9,300,000円	8,300,000円
消費者苦情処理費	3,150,000円	1,800,000円
製造設備点検費	4,050,000円	4,050,000円
保証期間中の修理サービス費	6,930,000円	3,000,000円
品質管理教育訓練費	12,750,000円	14,250,000円
廃棄処分された仕損品の仕損費	7,200,000円	6,750,000円
工程自体の検査費	8,100,000円	9,300,000円
工程途上検査費	3,100,000円	2,600,000円

① 予防コスト(20X8年)＝28,050,000円　　評価コスト(20X9年)＝11,000,000円
　　失敗コスト合計 (20X9年)＝19,850,000円

② 予防コスト(20X9年)＝35,850,000円　　評価コスト(20X9年)＝6,950,000円
　　外部失敗コスト (20X8年)＝3,150,000円

③ 予防コスト(20X8年)＝32,100,000円　　評価コスト(20X8年)＝7,000,000円
　　外部失敗コスト (20X9年)＝4,800,000円

④ 予防コスト(20X9年)＝38,450,000円　　評価コスト(20X8年)＝3,900,000円
　　失敗コスト合計 (20X8年)＝26,580,000円

⑤ 予防コスト(20X8年)＝24,000,000円　　評価コスト(20X9年)＝16,250,000円
　　内部失敗コスト (20X9年)＝15,050,000円

解答・解説編

第1章

原価計算の基礎知識

解答・解説編

1 原価計算の目的

《解答》 ②

《解説》

ア．正しい

　真実の原価とは，財務諸表作成目的に役立つ原価であり，『基準』六㈠財務諸表作成のための一般的基準にて，その算定のために手続きが規定されている。また，この規定での利害関係者の範囲には，経営管理上，内部報告用に作成される財務諸表の利用者としての経営者も含まれる。（『基準』一㈠参照）。

イ．誤り

　ここでの価格計算目的は，政府（官庁あるいは公企業）等が納入価格決定のための計算を行うことを意味している。（『基準』一㈡参照）。

ウ．正しい

　この目的は，原価管理目的と呼ばれる。なお，『基準』の原価管理は，コスト・マネジメントの意味ではなく，コスト・コントロール（原価統制）のみを意味している。（『基準』一㈢参照）。

エ．誤り

　予算は，業務執行に関する総合的な期間計画であるが，予算編成の過程は，たとえば製品組合せの決定，部品を自製するか外注するかの決定等個々の選択的事項に関する意思決定を含むことは，いうまでもない。（『基準』一㈣参照）。

　なお，予算は業務計画としての期間計画であり，業務的意思決定は業務計画としての個別計画であり，戦略的意思決定は基本計画としての個別計画（『基準』

一（五））である。

2 原価計算制度

《解答》 ①

《解説》

a．誤り

目的の中に経営基本計画設定を入れている点に問題がある。この目的を達成するには、特殊原価調査の実施が必要であり、この特殊原価調査は制度外のものである。

b．誤り

原価は活動を行ったのちに算定するか、活動を行うまえに、あらかじめ予定するかによって、まず実際原価と予定原価に分類される。また、予定原価はその予定の仕方が科学的か否かにより標準原価と見積原価に分類しえる。

この見積原価は、主に予算を編成する際に用いられる原価であり、また、『基準』における原価計算制度上、予算の編成は認められている。従ってあえて見積原価計算制度を設けなくとも、見積原価の計算は『基準』における原価計算制度において行われる。

また、『基準』上の原価の関係では『基準』四㈠2の予定原価は、標準原価の1つとされるがその内容は見積原価といえるということになる。

― 『基準』四㈠2 ―

標準原価として、実務上予定原価が意味される場合がある。予定原価とは、将来における財貨の予定消費量と予定価格とをもって計算した原価をいう。予定原価は、予算の編成に適するのみでなく、原価管理およびたな卸資産価額の算定のためにも用いられる。

c．正しい

‥‥（前略）‥‥

　実際原価計算制度は、製品の実際原価を計算し、これを財務会計の主
要帳簿に組み入れ、製品原価の計算と財務会計とが、実際原価をもって
有機的に結合する原価計算制度である。原価管理上必要ある場合には、
実際原価計算制度においても必要な原価の標準を勘定組織のわく外にお
いて設定し、これと実際との差異を分析し、報告することがある。

‥‥（後略）‥‥

d．正しい

　『基準』一㈣において、予算編成過程においての戦術的な意思決定について
触れた規定がある。また、その一方で、『基準』二において特殊原価調査は原価
計算制度に含まれないという規定もある。これらを整理して理解しようとすれ
ば、予算編成は『基準』における原価計算制度の中において実施されるが、そ
の予算編成の過程で行われる戦術的意思決定は原価計算制度に含まれないとい
うことになろう。

『基準』一㈣

　予算の編成ならびに予算統制のために必要な原価資料を提供すること。
ここに予算とは、予算期間における企業の各業務分野の具体的な計画を
貨幣的に表示し、これを総合編成したものをいい、予算期間における企
業の利益目標を指示し、各業務分野の諸活動を調整し、企業全般にわた
る総合的管理の要具となるものである。予算は、業務執行に関する総合
的な期間計算であるが、予算編成の過程は、たとえば製品組合せの決定、
部品を自製するか外注するかの決定等個々の選択的事項に関する意思決
定を含むことは、いうまでもない。

『基準』二

　この基準において原価計算とは、制度としての原価計算をいう。原価
計算制度は、財務諸表の作成、原価管理、予算統制等の異なる目的が、

重点の相違はあるが相ともに達成されるべき一定の計算秩序である。かかるものとしての原価計算制度は、財務会計機構のらち外において随時断片的に行なわれる原価の統計的、技術的計算ないし調査ではなくて、財務会計機構と有機的に結びつき常時継続的に行なわれる計算体系である。原価計算制度は、この意味で原価会計にほかならない。

3 実際原価と標準原価

《解答》 ⑤

《解説》

a．誤り

　原価計算制度において、実際原価と標準原価の根本的な相違はその消費量である。つまり、実際消費量をもって計算すれば予定価格等をもって計算しても、それは実際原価なのである。

┌─ 『基準』 四㈠1 ─────────────────
　　　　　　　　‥‥（前略）‥‥

　実際原価は、厳密には実際の取得価格をもって計算した原価の実際発生額であるが、原価を予定価格等をもって計算しても、消費量を実際によって計算する限り、それは実際原価の計算である。ここに予定価格とは、将来の一定期間における実際の取得価格を予想することによって定めた価格をいう。
└─────────────────────────────

b．誤り

　原価計算制度では、正常なものでなければ原価とはなりえない。よって、異常な消費量を実際消費量に含めてはならないのである。

┌─ 『基準』 四㈠1 ─────────────────
　実際原価とは、財貨の実際消費量をもって計算した原価をいう。ただし、その実際消費量は、経営の正常な状態を前提とするものであり、し

たがって、異常な状態を原因とする異常な消費量は、実際原価の計算に
おいてもこれを実際消費量と解さないものとする。

             ・・・・（後略）・・・・

> ── 『基準』三(四) ──
>
> 　原価は、正常的なものである。原価は、正常な状態のもとにおける経
> 営活動を前提として、は握された価値の消費であり、異常な状態を原因
> とする価値の減少を含まない。

c．誤り

　原価管理上、実際原価と標準原価を比較して原価差異を算定・分析し、これ
に関する資料を経営管理者に報告し、原価能率を増進する措置を講ずることは
重要である。

> ── 『基準』一(三) ──
>
>   ・・・・（前略）・・・・
>
> 　ここに原価管理とは、原価の標準を設定してこれを指示し、原価の実
> 際の発生額を計算記録し、これを標準と比較して、その差異の原因を分
> 析し、これに関する資料を経営管理者に報告し、原価能率を増進する措
> 置を講ずることをいう。

d．正しい

　原価の目標を示す標準原価は、個々の作業過程に対する個別的能率の規範を
示すものであるから、全体の利益を総合的に管理する予算原価よりもタイトネ
スがきつい。よって、標準原価をそのまま製造原価予算に適用すると、当初に
おいてすでに全体予算の均衡がその執行中に維持されなくなり、資金予算その
他において調整不足に基づく欠陥があらわれることが避けられないし、事前的
調整をねらいとする予算統制の目的に矛盾する。そのため、標準原価を製造原
価予算に適用する場合は、タイトネスを修正しなければならない。

e．正しい

　理想標準原価は、最大操業度、最高能率、最低価格の標準原価であるから、

現実的には達成が不可能なものであり、作業の動機づけの弊害となる。よって、原価管理上の有用性は低いのである。

『基準』四(一)2

・・・・(前略)・・・・

　理想標準原価とは、技術的に達成可能な最大操業度のもとにおいて、最高能率を表わす最低の原価をいい、財貨の消費における減損、仕損、遊休時間等に対する余裕率を許容しない理想的水準における標準原価である。

---

4 実際原価計算制度と標準原価計算制度

《解答》　②

《解説》

a．誤り

　標準原価計算制度は、勘定のいずれかの段階で実際原価を標準原価におきかえて、それ以降を標準原価で勘定記入していくものであり、「途中までは実際原価（費目別、部門別の実際発生額）で勘定記入される。」

b．誤り

『基準』二

・・・・(前略)・・・・

　実際原価計算制度は、製品の実際原価を計算し、これを財務会計の主要帳簿に組み入れ、製品原価の計算と財務会計とが、実際原価をもって有機的に結合する原価計算制度である。原価管理上必要ある場合には、実際原価計算制度においても必要な原価の標準を勘定組織のわく外において設定し、これと実際との差異を分析し、報告することがある。

・・・・(後略)・・・・

　上記『基準』より、勘定組織の枠外で標準原価を設定することはできるが、枠内に組み入れることはできない。

c．正しい

『基準』二

・・・・（前略）・・・・

　企業が、この基準にのっとって、原価計算を実施するに当たっては、上述の意味における実際原価計算制度又は標準原価計算制度のいずれかを、当該企業が原価計算を行なう目的の重点、その他企業の個々の条件に応じて適用するものとする。

・・・・（後略）・・・・

　従って、両制度は、どちらが原則で、どちらが例外というものでなく、その適用は無差別である。

d．誤り

　bの解説より、勘定組織の枠外では算定できる。

e．誤り

　『基準』は四七㈡2において標準原価計算制度における原則差異につき、「原価差異はすべて実際原価計算制度における処理の方法に準じて処理する。」と規定している。また『基準』は四七㈠1において「原価差異は、材料受入価格差異を除き、原則として当年度の売上原価に賦課する。」と規定している。

　このことから、標準原価計算制度で算定された数量面の差異は、異常な状態に基づくと認められるもの及び標準が不適当で比較的多額な差異以外は、すべて売上原価（損益計算書）へ賦課されることとなる。よって貸借対照表上の棚卸資産価額は相違することとなる。

f．正しい

『基準』四四

・・・・（前略）・・・・

　原価差異が生ずる場合には、その大きさを算定記録し、これを分析する。その目的は、⒜原価差異を財務会計上適正に処理して製品原価および損益を確定するとともに、⒝その分析結果を各階層の経営管理者に提供することによって、原価の管理に資することにある。

ⓐを財務諸表作成目的、ⓑを原価管理目的と言うことができる。

5 製品原価と期間原価

《解答》 ④

《解説》

	全部原価計算	直接原価計算
変 動 製 造 原 価	製品原価	製品原価
固 定 製 造 原 価		期間原価
販売費・一般管理費	期間原価	

a．誤り

　　固定費には、固定製造原価と固定販売費および一般管理費がある。何れの原
価計算においても、固定販売費および一般管理費は期間原価として処理される。
したがって、この記述の「固定費」が「製造固定費」であれば、正しいことに
なる。

b．正しい

　　販売費・一般管理費は、全部原価計算においても直接原価計算においても期
間原価として処理される。

c．誤り

　　全部原価計算において製品原価とされるのは製造原価のみであり、また、直
接原価計算において製品原価とされるのは変動製造原価のみである。

『基準』四（二）

　　原価は、財務諸表上収益との対応関係に基づいて、製品原価と期間原
価とに区別される。

　　製品原価とは、一定単位の製品に集計された原価をいい、期間原価と
は、一定期間における発生額を、当期の収益に直接対応させて、は握し
た原価をいう。

　　製品原価と期間原価との範囲の区別は相対的であるが、通常、売上品
およびたな卸資産の価額を構成する全部の製造原価を製品原価とし、販

売費および一般管理費は、これを期間原価とする。

d．正しい

　『基準』四（二）では、「一定単位の製品に集計された原価」を製品原価と規定しており、また、「通常、売上品および棚卸資産の価額を構成する全部の製造原価を製品原価」とする旨も規定している。

e．正しい

　『基準』四（二）では、「一定期間における発生額を、当期の収益に直接対応させて把握した原価」を期間原価として規定し、また、「通常、〜販売費および一般管理費は、これを期間原価とする。」とする旨も規定している。それ故、『基準』に従う限り、期間原価とは、原則として販売費および一般管理費を指すと解釈される。しかし、一般的には、棚卸資産評価のために製品原価として区別されたものであっても、それが販売された期には収益との直接的な対応が図られるので、売上品の原価（売上原価）は期間原価に区分される。

6　原価計算のための一般的基準

《解答》　④

《解説》

　解答以外の問題文の選択肢は、原価管理のための一般的基準『基準』六（二）である。

『基準』一　原価計算の目的	『基準』六　原価計算の一般的基準
（一）財 務 諸 表 作 成 目 的 ─────▶	（一）財務諸表作成のための一般的基準
（三）原 価 管 理 目 的 ─────▶	（二）原価管理のための一般的基準
（四）予 算 管 理 目 的 ─────▶	（三）予算編成ならびに予算統制のための一般的基準

六(一)財務諸表作成のための一般的基準	六(二)原価管理のための一般的基準
1．全部原価の原則……………………… i	5．責任区分明確化の原則………… j
2．信憑性の原則………………………… h	6．管理的原価分類の原則……… f
3．原価差異適正処理の原則……… b	7．物量計算の原則………………… g

7 操業度との関連における分類

《解答》 ③

《解説》

a．誤り

　変動費、固定費は操業度との関連における分類であり、管理可能費、管理不能費は管理可能性に基づく分類であるから、あくまでも分類基準が異なる。一般に変動費は管理可能費、固定費は管理不能費と考えられがちだが、変動費の中でも管理者の階層によっては管理不能なものもあり得るし、固定費の中でも管理可能なものもあり得る。したがって、一概に変動費は管理可能費で固定費は管理不能費と判断することはできない。

b．誤り

　操業度が零の場合にも一定額が発生し、同時に操業度の増加に応じて比例的に増加する原価要素は準変動費である。準固定費は、ある範囲内の操業度の変化では固定的であり、これをこえると急増し、再び固定化する原価要素をいう。

c．正しい

　操業度とは、生産設備を一定とした場合におけるその利用度をいい、それを厳密に解釈すると、経営の有する能力である生産設備を一定期間変わらないものとしておき、その利用度を生産活動量で測ったものということができる。

d．誤り

　操業度との関連における分類による固定費・変動費の区分、つまり固変分解は、変動予算の設定や直接原価計算実施の前提となり、利益計画や予算編成と統制、間接費の合理的な管理に有用な資料を提供する。原価管理に全く役立たないわけではないが、「最も役に立つ」とは言えない。

e．誤り

　操業度との関連における分類により原価要素は、固定費と変動費に分類されるが、キャパシティコストとアクティビティ・コストの分類は、原価要素を発生源泉別に分類した場合の用語である。

従って正しいものは1つとなる。

8 製品との関連における分類

《解答》　④

《解説》

a．正しい

　特に、個別原価計算においては、この分類を行なわなければ、正確な製品原価は算定できない。

b．正しい

　標準原価は、製品と比例性がある原価に適用してこそ意味のあるものであるから、経営管理目的の観点（比例性）から原価を分類することで、標準原価と実際発生額の比較可能性を高めることができる。

c．正しい

　特に標準原価計算では、直接費は標準で、間接費は予算で管理するため、この分類が必要である。そのときの条件についてはdの説明を参照されたい。

d．誤り

　これは、財務会計上の正確な製品原価算定目的の観点からの記述である。この目的からは、個別原価計算や組別総合原価計算は数種の原価負担者（指図書、製品）が考えられるため、直接関連付けられるか否かの区別が必要となるが、原価負担者が単一種ならば、全て直接関連付けられるため、そのような区別をしなくてもよい。しかし、経営管理目的も考えれば、製品単位の生成と比例性があるか否かにより、原価管理の手法が異なるため、たとえ、原価負担者が単一種でも、比例性により直接費と間接費に分類する必要がある。

e．誤り

dの説明より、製品が1種類でも、原価管理とも役立たせるために、製品の製造に対し比例的に発生するか否かの区分によって直間分類を行う。

　よって正しいものはa、b、cとなり個数は3個となる。

9 原価の製品別計算

《解答》　⑤

《解説》

a．誤り

　費目別計算、部門別計算、製品別計算をそれぞれ製造原価の計算における第1次、第2次、第3次の計算段階というが、これは必ずしも原価計算手続の適用される時間的な順序を意味するものではない。この区分は、原価計算手続の展開の過程を概念的に区切る際の計算段階の区分を意味する。たとえば、直接費は、その発生を費目別に測定すると同時に、伝票類を通じてこれを指図書または製品別に賦課する手段がとられる。また、部門個別費については、その発生を費目別に測定するとともに、これを部門別に分類集計することが行われる。しかし、間接費の製品への予定配賦を行うときは、その費目別計算または部門別計算が終了しないうちに、その製品別計算が行われるなど、必ずしも時間的な順序を表さない例として挙げられる。

b．誤り

　形式的には、原価要素（補助部門に集計された製造間接費も含む）を工程、すなわち製造部門の中における各工程の区分ごとに原価を分類集計する手続までは部門別計算の手続であり、工程製品の原価を月末仕掛品と完成品（工程完了品）とに配分する手続からは製品別計算の手続である。ただし、工程別総合原価計算にあっても、各工程管理者の責任範囲に属する原価業績を明らかにするためには、責任会計の観点から、原価を工程別、またはこれを作業の相違から細分した作業区分別に、原価を分別把握することが必要である。それ故、工程別総合原価計算においても、部門（責任者）別計算と製品別計算の手続的な区分をする実質的な意味は存在する。

c．誤り

　製品別計算における“製品”とは原価負担者のことを意味し、それは必ずしもその事業の目的とする最終製品または用役のみに限られるわけではない。たとえば、工程別総合原価計算の場合には、部品や半製品等の中間製品も原価集計単位となる。また、個別原価計算の場合には、自家用に使用することを目的として製作する工具、機械、あるいはその修繕作業、仕損品の補修作業、特定の試験研究プロジェクトなども原価集計単位となる。

『基準』三一

・・・・（前略）・・・・

　経営の目的とする製品の生産に際してのみでなく、自家用の建物、機械、工具等の製作又は修繕、試験研究、試作、仕損品の補修、仕損による代品の製作等に際しても、これを特定製造指図書を発行して行なう場合は、個別原価計算の方法によってその原価を算定する。

---

d．正しい

　製品別計算の結果、製品原価が算定されると、それは棚卸資産（原価単位を最終給付に限定しない場合には、固定資産または繰延資産）原価として財務諸表に計上される。それ故、財務諸表作成という原価計算に課された1つの基本的な任務に直接関係する計算段階である。また、製品原価の算定は、製品別の損益計算を可能にし、各製品の収益性または採算性を明らかにしうることから、プロダクト・ミックス等の製品計画の設定や製品の販売価格の決定に役立つ原価資料を提供する。ただし、原価計算制度の手続に基づいて算定された製品単位原価、ないしその製品に配賦される製造間接費の予定配賦率は、1期間の生産量または特定生産量の平均原価、ないし製造間接費全体の平均値として算定されたものであるため、管理不能であるとともに増分原価を正確には示しえない。よって、製品単位原価は、原価管理や意思決定には一定の限界があることを認識しておかなければならない。

e．正しい

　販売費および一般管理費（以下、営業費）について製品別計算が必要とされ

るのは、価格計算目的等の観点から製品単位当たりの総原価を計算する場合である。財務会計との関係からいえば、営業費は期間原価として当期の収益に直接対応され、損益計算書上一括計上される。それ故、営業費計算は、期間損益計算上は費目別計算までにとどまり、製造原価の計算と同じ意味での部門別計算や製品別計算は行われない。ただし、建設業において長期請負工事を実施している場合は、それに関する営業費を請負工事に配賦し、製品原価とすることができる。なお、営業費の管理や分析を効果的にする目的から、形態別に把握された営業費が機能に割り当てられ、次いで、特定のセグメントに割り当てられることがある。

『基準』七

　実際原価の計算においては、製造原価は、原則として、その実際発生額を、まず費目別に計算し、次いで原価部門別に計算し、最後に製品別に集計する。販売費および一般管理費は、原則として、一定期間における実際発生額を、費目別に計算する。

『企業会計原則』第二損益計算書原則三 F

　ただし、長期の請負工事については、販売費及び一般管理費を適当な比率で請負工事に配分し、売上原価及び期末たな卸高に算入することができる。

第 2 章

費目別計算

解答・解説編

10 材料購入原価の計算

《解答》 ④

《解説》

1. 従来の方法による実際購入原価の算定（「基準」一一㈣1、2参照）

   (1) 購入代価に引取費用を加算した金額

   2,460,000円＋7,700円（買入手数料）＋8,600円（関税）＋14,100円（引取運賃）＋5,900円（保険料）＝2,496,300円

   (2) 購入代価に引取費用並びに材料内部副費（の一部）を加算した金額

   2,460,000円＋7,700円＋8,600円＋14,100円＋5,900円＋16,800円（購入事務費）＝2,513,100円

   以上より、購入原価として適切でないものはウの2,526,700円である。

2. 新しい方法によって実際購入原価を算定した場合の材料副費配賦差異

   (1) 材料副費予定配賦率

   468,000円÷31,200,000円＝0.015

   (2) 材料副費配賦差異

   予定配賦額：0.015×2,460,000円＝36,900円

   実際発生額：7,400円（検収費）＋16,800円（購入事務費）＋14,800円（保管料）＝39,000円

   材料副費配賦差異：36,900円－39,000円＝－2,100円（不利差異）

11 棚卸減耗損と材料消費価格差異の計算

《解答》 ④

《解説》

1．材料受払カード

日	摘要	入庫 数量(個)	入庫 単価(円／個)	入庫 金額(円)	出庫 数量(個)	出庫 単価(円／個)	出庫 金額(円)	残高 数量(個)	残高 単価(円／個)	残高 金額(円)
1	繰越	100	1,000	100,000				100	1,000	100,000
3	入庫	200	1,010	202,000				{ 100	1,000	100,000
								200	1,010	202,000
8	返品	(10	※1 1,000	10,000)				{ 90	1,000	90,000
								200	1,010	202,000
11	出庫				{ 90	1,000	90,000	160	1,010	161,600
					40	1,010	40,400			
12	入庫	400	1,030	412,000				{ 160	1,010	161,600
								400	1,030	412,000
18	入庫	300	1,040	312,000				{ 160	1,010	161,600
								400	1,030	412,000
								300	1,040	312,000
20	値引			(2,000)				{ 160	1,010	161,600
								400	※2 1,025	410,000
								300	1,040	312,000
23	出庫				{ 160	1,010	161,600	{ 200	1,025	205,000
					200	1,025	205,000	300	1,040	312,000
26	戻入				(15	※3 1,010	15,150)	{ 15	1,010	15,150
								200	1,025	205,000
								300	1,040	312,000
31	減耗				3	※4 1,010	3,030	{ 12	1,010	12,120
								200	1,025	205,000
								300	1,040	312,000
	計				478		484,880			
	(残高)				12	1,010	12,120			
					200	1,025	205,000			
					300	1,040	312,000			
		990		1,014,000	990		1,014,000			

※1：返品した材料の価格が判明しない場合には、返品は引渡と考えて、通常の
払出と同様の仮定（本問では先入先出法）にしたがって価格を決定する。

※2：20日の値引は12日入庫分と指定されており、20日現在その入庫分は全量
残っているからその金額から値引分を差し引いて単価を修正する。

※3：残材戻入は11日出庫分と判明しているから11日出庫分の単価で戻せばよい。
ただし11日出庫分は@1,000と@1,010との二種あるが、戻入されるのは

@1,010の材料である。先入先出法の考え方にしたがえば、工場においては
材料倉庫から先に入庫した分（@1,000）が先に消費されることになり、消
費されずに残った材料は後から入庫した材料（@1,010）という仮定がある
ためである。

※4；棚卸減耗については、通常の払出と同様の仮定（本問では先入先出法）に
したがって、先に入庫した@1,010の材料から先に減耗となったと考える。

2．材料消費価格差異の計算

@1,012×（130個＋360個－15個）－（90,000円＋40,400円＋161,600円
　　　　　　＋205,000円－15,150円）＝－1,150円（不利差異）←(1)の答え

3．棚卸減耗損の計算

(1)　棚卸減耗量；15個＋200個＋300個－512個＝3個

(2)　棚卸減耗損；@1,010×3個＝3,030円←(2)の答え

12 直接工の賃金計算

《解答》　④

《解説》

1．作業時間の構成（10/1〜10/20）

就 業 時 間	131 h		
実 働 時 間	127 h		手 待 時 間　　?
直 接 作 業 時 間	112 h　＋　?	間接作業時間 10 h	
加 工 時 間 112 h	段 取 時 間　　?		

段取時間　127 h － 10 h － 112 h ＝ 5 h　　　　手待時間　131 h － 127 h ＝ 4 h

2．予定賃率　　$\dfrac{1,872,000円＋48,000円}{2,400\,h}＝800円／h$

3．賃金勘定の記入

(1) 時間データ

時間データ

	(9/21〜10/20)	(9/21〜9/30)
65 h + 131 h →	196 h	65 h

	(10/1〜10/31)	
	(直) 178 h ← 112 h + 5 h + 58 h + 3 h
(10/21〜10/31)	(間) 20 h ← 10 h + 4 h + 5 h + 1 h
67 h	

(2) 勘定記入

	賃			金	
10/25 諸　口	159,000 ※1		10/ 1 未払賃金	52,000 ※2
10/31 未払賃金	53,600 ※4		10/31 仕掛品	142,400 ※5
			〃 製造間接費	16,000 ※3
			〃 賃率差異	2,200 ※6
	212,600			212,600
			11/ 1 未払賃金	53,600

※1　157,000円 + 2,000円 = 159,000円

※2　800円／h × 65 h = 52,000円　（③）

※3　800円／h × 20 h = 16,000円　（②）

※4　800円／h × 67 h = 53,600円

※5　800円／h × 178 h = 142,400円　（①）

※6　800円／h × 196 h − 159,000円 = − 2,200円　（⑤）

従って、④の157,000円以外は、すべて記入される金額である。

13 賃率差異の計算

《解答》　②

《解説》

(1) 職種別予定平均賃率の算定

①機械工

$$\frac{9,600,000円 + 5,310,000円 + 4,050,000円}{9,600\,h} = 1,975円 / h$$

②組立工

$$\frac{9,480,000円 + 3,960,000円}{8,400\,h} = 1,600円 / h$$

(注) 家族手当、従業員賞与手当は間接労務費であり、予定賃率の計算においては除外する。

(2) 当月の消費賃金の計算

①機械工

$$1,975円 / h \times (537\,h + 270\,h) = 1,593,825円$$

②組立工

$$1,600円 / h \times (470\,h + 233\,h) = 1,124,800円$$

(3) 未払賃金および家族手当、従業員賞与手当の調整

①機械工

$$1,853,975円 + 1,975円 / h \times 270\,h - 1,975円 / h \times 264\,h - \frac{3,000,000円}{12}$$

$$= 1,615,825円$$

②組立工

$$1,290,600円 + 1,600円 / h \times 233\,h - 1,600円 / h \times 238\,h - \frac{2,040,000円}{12}$$

$$= 1,112,600円$$

(注) 従業員賞与手当に関しては、引当金が積立てられ現金支出はないので調整計算には含めない。

(4) 賃率差異の計算

①機械工

$$1,593,825円 - 1,615,825円 = -22,000円 （不利差異）$$

②組立工

1,124,800円－1,112,600円＝12,200円（有利差異）

∴－22,000円＋12,200円＝－9,800円（不利差異）

14 経費計算の方法

《解答》 ②

《解説》

従業員賞与は間接労務費であるため、経費の計算には含まれないことに注意すること。

支払経費	厚　生　費	49,000円[1]
	外注加工賃	120,000円
発生経費	棚卸減耗費	850円
	仕　損　費	2,000円
月割経費	保　険　料	25,000円[2]
	減価償却費	30,000円[3]
測定経費	電　力　料	4,450円[4]
	経費合計	231,300円

[1]　50,000円－8,000円＋7,000円＝49,000円

[2]　300,000円÷12ヶ月＝25,000円

[3]　2,000,000×（1－0.1）÷5年÷12ヶ月＝30,000円

[4]　従量単価　（4,500円－500円）÷（13,950kw－12,350kw）＝2.5円／kw

当月電力料　2.5円／kw×（14,064kw－12,484kw）＋500円＝4,450円

15 費目別計算

《解答》 ③

《解説》

1．労務費

直接労務費		間接労務費	
直接工直接作業賃金	*1 13,245,000円	直接工間接作業賃金・手待賃金	*2 990,000円
合　　　　計	13,245,000円	間　接　工　賃　金	*3 10,338,000円
		工　場　関　連　給　料	1,325,000円
		従業員賞与引当金繰入額	1,480,000円
		従業員退職給付費用	1,020,000円
		法　定　福　利　費	350,000円
		合　　　　　　　計	15,503,000円

＊1：@1,500円×(8,200時間+630時間)=13,245,000円

＊2：@1,500円×(470時間+190時間)=990,000円

＊3：9,970,000円+@400円×920時間=10,338,000円

賃率差異：(13,245,000円+990,000円)-(14,250,000円-4,750,000円

　　　　　+4,732,000円)=3,000円(有利差異)

2．経費

直接経費		間接経費	
外　注　加　工　賃	1,560,000円	福　利　施　設　負　担　額	210,000円
合　　　　計	1,560,000円	原　料　棚　卸　減　耗　損	95,000円
		通　　信　　費	350,000円
		従業員レクリエーション費	250,000円
		設　備　保　険　料	180,000円
		工　場　土　地　賃　借　料	220,000円
		設　備　減　価　償　却　費	1,850,000円
		電力料・ガス代・水道料	675,000円
		合　　　　計	3,830,000円

16 製造間接費の差異分析

《解答》 ②

《解説》

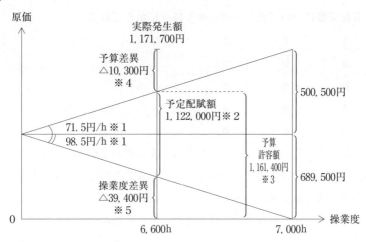

※1 予定配賦率

変動費　$500{,}500$円 $\div 7{,}000$ h $= 71.5$円／h

固定費　$689{,}500$円 $\div 7{,}000$ h $= \underline{98.5}$円／h

$\phantom{固定費　689{,}500円 \div 7{,}000 h = }\underline{170}$円／h

※2　170円／h $\times 6{,}600$ h $= 1{,}122{,}000$円

※3　71.5円／h $\times 6{,}600$ h $+ 689{,}500$円 $= 1{,}161{,}400$円

※4　$1{,}161{,}400$円 $- 1{,}171{,}700$円 $= \triangle 10{,}300$円（不利差異）

※5　$(6{,}600$ h $- 7{,}000$ h$) \times 98.5$円／h $= \triangle 39{,}400$円（不利差異）

従って、ウとオの2つが正しい記述であることがわかる。

17 操業度の諸概念

《解答》 問1 ⑤ 問2 ②

《解説》

問1 各操業度について正しい組合せを以下に示しておく。

1	2	3
a	b	d
b	d	c
c	a	a
d	c	b

問2 不働能力差異（遊休能力差異）とは、生産能力を遊休にしたためにこうむる固定製造間接費の損失を意味する。不動能力差異は、生産能力を表す予定操業度と実際操業度との差として算定しなければならないので、予定操業度としては、実現可能操業度が採択されることになる。

第 3 章
部門別計算

解 答 ・ 解 説 編

18 原価部門の設定方法と部門に集計する原価要素の範囲

《解答》 ②

《解説》

ア．誤り。

『基準』一六（一）

　副産物の加工、包装品の製造等を行なういわゆる副経営は、これを製造部門とする。

イ．正しい。

『基準』二六

　原料がすべて最初の工程の始点で投入され、その後の工程では、単にこれを加工するにすぎない場合には、各工程別に一期間の加工費を集計し、それに原料費を加算することにより、完成品総合原価を計算する。この方法を加工費工程別総合原価計算（加工費法）という。

　この基準は一般に減損や仕損の発生率がきわめて低く原材料の原価管理上の重要性が乏しい企業を前提に規定されていると解されている。しかし、加工費法は原材料を工程別に計算しないため計算が簡略化されるが原料費の計算の精度は低くなってしまう。したがって、原料費につき、製品原価の正確な計算があまり必要がない場合に適用が限られることになる。

ウ．誤り。

第 3 章　部門別計算　177

> ―『基準』一六（二）―――――――――――――――――――――――――
>
> 　補助部門とは、製造部門に対して補助的関係にある部門をいい、これ
> を補助経営部門と工場管理部門とに分け、さらに機能の種類別等にした
> がって、これを各種の部門に分ける。

エ．正しい。

　直接費は指図書別に集計されるため、もともと正確な計算ができる。（『基
準』三三（一）、三四参照）

オ．正しい。

> ―『基準』一六（二）―――――――――――――――――――――――――
>
> 　工具製作、修繕、動力等の補助経営部門が相当の規模となった場合に
> は、これを独立の経営単位とし、計算上製造部門として取り扱う。

カ．正しい。

　直接労務費を部門に集計するのは、原価管理を効果的に行うためである。
（『基準』一八参照）

キ．誤り。

> ―『基準』一六（一）―――――――――――――――――――――――――
>
> 　原価部門とは、原価の発生を機能別、責任区分別に管理するとともに、
> 製品原価の計算を正確にするために、原価要素を分類集計する計算組織
> 上の区分をいい…

　この基準から、原価部門とは、計算組織上の区分であって、現実に存在する
部門でないことがわかる。

19 部門別計算の意義

《解答》　②

《解説》

1．部門別計算の手続

> **『基準』十五**
>
> 　原価の部門別計算とは、費目別計算においては握された原価要素を、原価部門別に分類集計する手続きをいい、原価計算における第二次の計算段階である。

2．原価部門の設定

> **『基準』十六**
>
> 　原価部門とは、原価の発生を機能別、責任区分別に管理するとともに、製品原価の計算を正確にするために、原価要素を分類集計する計算組織上の区分をいい、これを諸製造部門と諸補助部門とに分ける。
>
> 　　　　　　　　　　　　····（後略）····

3．部門個別費と部門共通費

4．一般費の設定

> **『基準』十七**
>
> 　原価要素は、これを原価部門に分類集計するに当たり、当該部門において発生したことが直接的に認識されるかどうかによって、部門個別費と部門共通費とに分類する。
>
> 　　　　　　　　　　　　····（中略）····
>
> 　部門共通費であって工場全般に関して発生し、適当な配賦基準の得がたいものは、これを一般費とし、補助部門費として処理することができる。

5．一般費の処理

> **『基準』十八（二）**
>
> 　　　　　　　　　　　　····（前略）····
>
> 　一部の補助部門費は、必要ある場合には、これを製造部門に配賦しないで直接に製品に配賦することができる。

20 製造部門費の予定配賦率の計算

《解答》 ①

《解説》

(1) 補助部門費配賦順位の決定方法

  ① 他の補助部門への用役提供部門数の多い方が先順位

    ↓用役提供部門数が同数の場合

  ② 部門費の多い方が先順位

(2) 補助部門費配賦順位の決定

  ① 他の補助部門への用役提供部門数

    動力部：1

    総務部：2（自部門への用役提供は無視すること）

    修繕部：1

  ② 部門費（下記の(3) 補助部門費配賦表参照）

    動力部：1,130,000円

    修繕部：830,000円

  ③ 配賦順位

    総務部が第1位、動力部が第2位、修繕部が第3位

(3) 補助部門費配賦表（単位：円）

	組立部	仕上部	修繕部	動力部	総務部
部門個別費	8,500,000	6,600,000	680,000	980,000	770,000
部門共通費					
減価償却費	※1720,000	480,000	150,000	150,000	100,000
計	9,220,000	7,080,000	830,000	1,130,000	870,000
総務部門費	※2450,000	300,000	50,000	70,000	870,000
動力部門費	※3600,000	520,000	80,000	1,200,000	
修繕部門費	※4576,000	384,000	960,000		
製造部門費	10,846,000	8,284,000			

$$※1 \quad 1,600,000円 \times \frac{360\text{m}^2}{360\text{m}^2 + 240\text{m}^2 + 75\text{m}^2 + 50\text{m}^2 + 75\text{m}^2} = 720,000円$$

$$※2 \quad 870,000円 \times \frac{45人}{45人 + 30人 + 7人 + 5人} = 450,000円$$

$$※3 \quad 1,200,000円 \times \frac{90万\,\text{kw}\diagup\text{h}}{90万\,\text{kw}\diagup\text{h} + 78万\,\text{kw}\diagup\text{h} + 12万\,\text{kw}\diagup\text{h}} = 600,000円$$

$$※4 \quad 960,000円 \times \frac{120\text{rh}}{120\text{rh} + 80\text{rh}} = 576,000円$$

(4) 予定配賦率の計算

組立部：10,846,000円 ÷ 4,400（機械稼働）時間 = 2,465円／時間

仕上部：8,284,000円 ÷ 3,800（直接作業）時間 = 2,180円／時間

21 補助部門費の配賦計算

《解答》 ④

《解説》

問1 （ケースA）

1．変更前（直接配賦法）の補助部門費配賦表（単位：円）

	甲製造部門	乙製造部門	丙製造部門	運搬部門	修繕部門
部　門　費				1,560,000	1,650,000
運搬部門費	*1 520,000	650,000	390,000		
修繕部門費	750,000	*2 600,000	300,000		
製造部門費	1,270,000	1,250,000	690,000		

＊1：1,560,000円 ÷（40回 + 50回 + 30回）× 40回 = 520,000円

＊2：1,650,000円 ÷（250時間 + 200時間 + 100時間）× 200時間 = 600,000円

2．変更後（要綱の相互配賦法）の補助部門費配賦表（単位：円）

	甲製造部門	乙製造部門	丙製造部門	運 搬 部 門	修 繕 部 門
部　門　費				1,560,000	1,650,000
第一次配賦					
運搬部門費	*1 480,000	600,000	360,000	△1,560,000	120,000
修繕部門費	687,500	*2 550,000	275,000	137,500	△1,650,000
第二次配賦				137,500	120,000
運搬部門費	45,833	57,292	*3 34,375		
修繕部門費	54,546	*4 43,636	21,818		
製造部門費	1,267,879	1,250,928	691,193		

＊1：1,560,000円÷（40回＋50回＋30回＋10回）×40回＝480,000円

＊2：1,650,000円÷（250時間＋200時間＋100時間＋50時間）×200時間
　　　＝550,000円

＊3：137,500円÷（40回＋50回＋30回）×30回＝34,375円

＊4：120,000円÷（250時間＋200時間＋100時間）×200時間
　　　＝43,636.3…円≒43,636円

なお、問題文には端数処理の指示はない。

3．配賦額が増加する製造部門

乙製造部門と丙製造部門

問2（ケースB）

1．はじめに

単一基準配賦法と複数基準配賦法で異なるのは、固定費の配賦基準であるから、固定費配賦額の増減のみを比較すれば足りる。

2．変更前（単一基準配賦法）の配賦額

第1製造部門：800,000円÷＊ 250千kwh×50千kwh＝160,000円

第2製造部門：800,000円÷250千kwh×70千kwh＝224,000円

第3製造部門：800,000円÷250千kwh×40千kwh＝128,000円

第4製造部門：800,000円÷250千kwh×30千kwh＝96,000円

第5製造部門：800,000円÷250千kwh×60千kwh＝192,000円

　　＊：50千kwh＋70千kwh＋40千kwh＋30千kwh＋60千kwh＝250千kwh

3．変更後（複数基準配賦法）の配賦額

第1製造部門：800,000円÷＊320千kwh×60千kwh＝150,000円

第2製造部門：800,000円÷320千kwh×100千kwh＝250,000円

第3製造部門：800,000円÷320千kwh×40千kwh＝100,000円

第4製造部門：800,000円÷320千kwh×40千kwh＝100,000円

第5製造部門：800,000円÷320千kwh×80千kwh＝200,000円

　　＊：60千kwh＋100千kwh＋40千kwh＋40千kwh＋80千kwh＝320千kwh

4．配賦額が減少する製造部門

第1製造部門と第3製造部門

22 複数基準配賦法と差異分析

《解答》　問1　②　　　問2　③

《解説》

問1

1．動力部門変動費予定配賦率の算定

$(12,000千円 - 8,400千円) ÷ (140kw + 160kw) = 12千円／kw$

2．機械部への配賦額の算定

$12千円／kw × 120kw + 8,400千円 × \dfrac{140kw}{140kw + 160kw} = 5,360千円$

3．組立部への配賦額の算定

$12千円／kw × 160kw + 8,400千円 × \dfrac{160kw}{140kw + 160kw} = 6,400千円$

問2

1．動力部門予算許容額の算定

$12千円／kw × (120kw + 160kw) + 8,400千円 = 11,760千円$

2．原価差異額の算定

　　11,760千円 － 12,040千円 ＝ －280千円（不利差異）

（注）補助部門費の予算許容額を複数基準により配賦する方法では、補助部門で
　　　操業度差異が生じないことに注意すること。

23 補助部門費の配賦方法

《解答》　③

《解説》

　当社では、製造部門費を予定配賦しているため、補助部門費の実際発生額を製
造部門に配賦したとしても、製品原価の金額には影響を及ぼさない。

　なお、経営管理上望ましい配賦方法は次のとおりである。

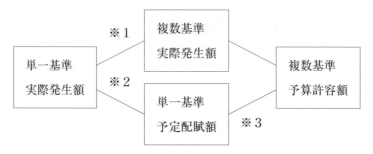

　※1　実際用役消費量を用いた単一基準配賦法の欠点

　　　　本問の①と⑤がそれに該当する。

　※2　実際発生額配賦の欠点

　　　　本問の②が該当する。なお、②は実際発生額の中に含まれる固定費
　　　　及び変動費の予算差異を控除して配賦するということ、すなわち予算
　　　　許容額を配賦するということを意味している。

　※3　予定配賦額配賦の欠点

　　　　本問の④が該当する。

第 4 章

個別原価計算

解答・解説編

24 個別原価計算による計算①

《解答》 問1 ⑤ 問2 ②

《解説》

1．原価計算表

（単位：円）

	#100	#200	#300	#400	#101	#201	#301
前 月 繰 越 高	－	95,000	－	－	－	－	－
直 接 材 料 費	49,000	23,000	68,000	55,000	－	65,000	12,000
直 接 労 務 費 第 一 工 程 第 二 工 程	27,000 8,400	－ 13,200	54,000 33,000	31,500 24,000	－ 9,000	45,000 27,000	9,000 9,000
製 造 間 接 費 第 一 工 程 第 二 工 程	17,500 8,000	－ 10,000	32,500 24,000	20,000 18,000	－ 8,000	27,500 20,000	7,500 8,000
合 計 仕損品評価額 仕 損 費	109,900 － 17,000	141,200 △50,000 △91,200	211,500 － 42,000	148,500 — 80,000	17,000 － △17,000	184,500 － 91,200	45,500 △3,500 △42,000
製造原価合計	126,900	0	253,500	228,500	0	275,700	0
備 考	仕掛品	#201へ 振替	完成	完成	#100へ 振替	完成	#300へ 振替

2．期末仕掛品原価

#100より126,900円

3．完成品原価

253,500円＋228,500円＋275,700円＝757,700円
　#300　　　　#400　　　　#201

4．仕損費

17,000円＋91,200円＋80,000円＋42,000円＝230,200円

　　　#101　　　　#200　　　　#400　　　　#301

25 個別原価計算による計算②

《解答》　①

《解説》

1．ロット別個別原価計算を前提とした場合と分割納入制を前提とした場合について

(1)　通常のロット別個別原価計算の場合、ロット数量の全ての製造が完了しない限り、全て月末仕掛品となる。

(2)　製造指図書の生産命令数量のうち、完成したものから順次相手先に引き渡される分割納入制の場合には、売上原価と棚卸資産価額の算定のために、指図書内での原価配分が必要となる。

2．通常のロット別個別原価計算の場合の完成品総合原価

　3月にロット数量の全ての製造が完了したのは、A-11およびB-11である。

$$\text{A-11：}\underline{75,000円＋(800円／時間＋500円／時間)×80時間}$$
$$\text{前月分}$$
$$＋\underline{(800円／時間＋500円／時間)×126時間}＝342,800円$$
$$\text{当月分}$$

$$\text{B-11：}\underline{100,000円＋(800円／時間＋500円／時間)×300時間}$$
$$\text{前月分}$$
$$＋\underline{(800円／時間＋500円／時間)×310時間}＝893,000円$$
$$\text{当月分}$$

　よって、342,800円＋893,000円＝1,235,800円

3．分割納入制の場合の完成品総合原価

(1)　2月納入分

　2月に納入されたのは、B-11のうち160個である。

　B-11：100,000円×160個÷(160個＋160個)＋300時間×160個

　　　÷(160個＋160個×0.5)×(800円／時間＋500円／時間)＝310,000円

(2)　3月納入分

　　3月に納入されたのは、A-11全て、B-11の残り160個、A-12のうち200個である。

　　　A-11：342,800円（通常のロット別個別原価計算の場合と同額である）

　　　B-11：893,000円－310,000円＝583,000円（通常のロット別個別原価計算の場合－2月納入分）

　　　A-12：148,000円×200個÷（200個＋200個）＋216時間×200個

　　　　　　÷（200個＋200個×0.5）×（800円／時間＋500円／時間）＝261,200円

　　よって、342,800円＋583,000円＋261,200円＝1,187,000円

以上より、選択肢①が正解となる。

26　個別原価計算による計算③

《解答》　④

《解説》

ア．正しい。

イ．誤っている。

　　問題文の仕訳は、材料Aを直ちに製造現場へ引き渡すのではなく、いったん倉庫へ受けいれた場合の仕訳である。

ウ．誤っている。

　　貸方に買掛金勘定があるため、外注加工品が納品されたときの仕訳であるが、金額が誤っている。正しくは以下の通りである。　　　　　　　　　（単位：円）

　　　　　（借）　　（部品）　　*2,400　　　（貸）　　（買掛金）　　2,400

　　　＊：（200円×（1＋10%）＋20円／個）×10個＝2,400円

エ．正しい。

（参考）材料Bに関する一連の仕訳を示すと以下の通りとなる。　　　　（単位：円）

材料購入時　　　　（借）（材料B）2,000　（貸）（買掛金）2,000

材料払出時　　　　（借）（売掛金）2,200　（貸）（材料B）2,200

外注加工品受入時	（借）	（ 部 品 ）	2,400	（貸）	（ 買 掛 金 ）	2,400
交付材料差益相殺時	（借）	（ 材 料 B ）	200	（貸）	（交付材料差益）	200
	（借）	（交付材料差益）	200	（貸）	（ 部 品 ）	200
外注加工品払出時	（借）	（ 仕 掛 品 ）	2,200	（貸）	（ 部 品 ）	2,200

27 個別原価計算による計算④

《解答》　③

《解説》

1．指図書別原価計算表の作成（単位：円）

	＃1001	＃1002	＃1003	＃1011	＃1012
直 接 材 料 費	420,000	*1 529,700	480,000	430,000	－
加 工 費	150,000	216,000	*2 120,000	156,000	30,000
計	570,000	745,700	600,000	586,000	30,000
仕損品評価額	△60,000	－	△22,000	－	－
作業屑評価額	－	－	*3 △400	－	－
仕 損 費	－	30,000	－	－	△30,000
合 計	510,000	775,700	577,600	586,000	0
備 考	異常仕損費	仕掛中	完成	完成	＃1002へ振替

＊1：100円／kg×5,300kg－20円／kg×15kg（作業屑評価額）＝529,700円

＊2：720,000円÷（1,500時間×80％）＝600円／時間（加工費予定配賦率）

　　　600円／時間×200時間＝120,000円

＊3：20円／kg×20kg＝400円

2．仕掛品勘定の作成（単位：円）

仕　掛　品

材	料	1,860,000	製	品	①1,163,600
加 工 費		672,000	作　業　屑		②700
仕　掛　品		30,000	仕　損　品		③82,000
			異 常 仕 損 費		④510,000
			仕　掛　品		30,000
			次 月 繰 越		⑤775,700
		2,562,000			2,562,000
前 月 繰 越		775,700			

①：＃1003と＃1011の製造原価の合計

　　577,600円＋586,000円＝1,163,600円

②：300円（＃1002作業屑評価額）＋400円（＃1003作業屑評価額）＝700円

③：60,000円（＃1001仕損品評価額）＋22,000円（＃1003仕損品評価額）＝82,000円

④：510,000円　（＃1001）

⑤：775,700円　（＃1002）

第 5 章
総合原価計算

28 単純総合原価計算①

《解答》 ②

《解説》

1 平均法

(1) 月末仕掛品原価

① 異常仕損品原価

(イ) 原料費

$$1,860,000円 \times \frac{200kg}{3,100kg} = 120,000円$$

(ロ) 加工費

$$2,279,400円 \times \frac{200kg \times 0.1}{2,000kg + 200kg \times 0.1 + 100kg \times 0.8 + 800kg \times 0.65}$$

$$= 17,400円$$

② 原料費

$$(1,860,000円 - 120,000円) \times \frac{800kg}{3,100kg - 200kg} = 480,000円$$

③ 加工費

$$(2,279,400円 - 17,400円) \times \frac{800kg \times 0.65}{2,000kg + 100kg \times 0.8 + 800kg \times 0.65}$$

$$= 452,400円$$

$$\therefore \quad 480,000円 + 452,400円 = 932,400円$$

(2) 完成品総合原価

$$1,860,000円 + 2,279,400円 - (120,000円 + 17,400円) - 932,400円$$

$$- 229.4円／kg × 100kg = 3,046,660円$$

2．先入先出法

(1) 月末仕掛品原価

① 異常仕損品原価

(イ) 原料費

$$1,200,000円 × \frac{200kg}{2,000kg} = 120,000円$$

(ロ) 加工費

$$1,479,000円 × \frac{200kg × 0.1}{2,000kg + 200kg × 0.1 + 100kg × 0.8 + 800kg × 0.65 - 1,100kg × 0.8}$$

$$= 17,000円$$

② 原料費

$$(1,200,000円 - 120,000円) × \frac{800kg}{2,000kg - 200kg}$$

$$= 480,000円$$

③ 加工費

$$(1,479,000円 - 17,000円) × \frac{800kg × 0.65}{2,000kg + 100kg × 0.8 + 800kg × 0.65 - 1,100kg × 0.8}$$

$$= 442,000円$$

$$∴ \quad 480,000円 + 442,000円 = 922,000円$$

(2) 完成品総合原価

$$1,860,000円 + 2,279,400円 - (120,000円 + 17,000円) - 922,000円$$

$$- 229.4円／kg × 100kg = 3,057,460円$$

29 単純総合原価計算②

《解答》　④

《解説》

1．A原料費の計算

	A原料費		（単位；kg）
月初	300	完成	3,200
当月	3,500	正減	200
		正仕	100
		月末	300

正常減損費　　3,570,000円÷3,500kg×200kg＝204,000円
正常仕損費　　3,570,000円÷3,500kg×100kg＝102,000円
月末仕掛品原価　3,570,000円÷3,500kg×300kg＝306,000円

2．B原料費の計算

	B原料費		（単位；kg）
月初	0	完成	3,200
当月	3,600	正減	0
		正仕	100
		月末	300

正常仕損費　　1,260,000円÷3,600kg×100kg＝35,000円
月末仕掛品原価　1,260,000円÷3,600kg×300kg＝105,000円

3．C原料費の計算

	C原料費		（単位；kg）
月初	0	完成	3,200
当月	3,200	正減	0
		正仕	0
		月末	0

4．D原料費の計算

D原料費			（単位；kg）
月初	0	完成	3,200
当月	3,400	正減	0
		正仕	※1 20
		月末	※2 180

正常仕損費　　　$1,196,800円 ÷ 3,400kg × 20kg = 7,040円$

月末仕掛品原価　$1,196,800円 ÷ 3,400kg × 180kg = 63,360円$

　　※1　$100kg × (0.6 - 0.5) ÷ (1 - 0.5) = 20kg$

　　※2　$300kg × (0.8 - 0.5) ÷ (1 - 0.5) = 180kg$

5．加工費の計算

加工費			（単位；kg）
月初	120	完成	3,200
当月	3,420	正減	40
		正仕	60
		月末	240

正常減損費　　　$7,455,600円 ÷ 3,420kg × 40kg = 87,200円$

正常仕損費　　　$7,455,600円 ÷ 3,420kg × 60kg = 130,800円$

月末仕掛品原価　$7,455,600円 ÷ 3,420kg × 240kg = 523,200円$

6．正常減損費の月末仕掛品負担分の計算

$$\frac{204,000円 + 87,200円}{(3,200kg - 300kg) + 300kg} × 300kg = 27,300円$$

7．正常仕損費の月末仕掛品負担分の計算

$$\frac{102,000円 + 35,000円 + 7,040円 + 130,800円 - @60.4 × 100kg}{(3,200kg - 300kg) + 300kg} × 300kg = 25,200円$$

8．月末仕掛品原価（正常減損費、正常仕損費負担後）の計算

　　$306,000円 + 105,000円 + 63,360円 + 523,200円 + 27,300円 + 25,200円$

　　$= 1,050,060円$

9. 完成品総合原価の計算

$546,400$ 円 $+ 14,589,700$ 円 $- 1,050,060$ 円 $- @60.4 \times 100$ kg $= 14,080,000$ 円

仕掛品

月 初 仕 掛 品	546,400円	完	成	品	14,080,000円
当月製造費用	14,589,700円	仕	損	品	6,040円
		月 末 仕 掛 品			1,050,060円
合 計	15,136,100円	合		計	15,136,100円

10. 完成品単位原価の計算

$$\frac{14,080,000 \text{円}}{3,200 \text{kg}} = 4,400 \text{円/kg}$$

30 累加法及び予定原価法による工程別総合原価計算

《解答》 問1 ① 問2 ④

《解説》

1. 第1工程

(1) 生産データの整理

		生産データ				（単位：kg）
月 初	450 (360)	完	了	9,300		
		減	損	200 (	40)	
当 月	9,400 (9,190)	月	末	350 (	210)	

（注）カッコ内は、加工換算量を示す。

(2) 月末仕掛品原価

$$\frac{690,000 \text{円}}{9,400 \text{kg} - 200 \text{kg}} \times 350 \text{kg} = 26,250 \text{円（原料費）}$$

$$\frac{420,900 \text{円}}{9,190 \text{kg} - 40 \text{kg}} \times 210 \text{kg} = \underline{9,660 \text{円}} \text{（加工費）}$$

$$\underline{35,910 \text{円}}$$

(3) 完了品原価

$$(33,810円+16,200円)+(690,000円+420,900円)-35,910円=1,125,000円$$

２．第２工程

(1) 生産データの整理

生産データ （単位：個）

月 初	450 (180)	完 成	1,640
		仕 損	10 (10)
当 月	1,500 (1,620)	月 末	300(150)

（注）カッコ内は、加工換算量を示す。

(2) 月末仕掛品原価

$$\frac{31,500円}{1,500個}\times300個 \quad = \quad 6,300円（原 料 費）$$

$$\frac{1,125,000円}{1,500個}\times300個 = 225,000円（前工程費）$$

$$\frac{226,800個}{1,620個}\times150個 \quad = \quad \underline{21,000円}（加 工 費）$$

$\underline{252,300円}$

(3) 完成品単位原価

$$(9,000円+336,600円+24,300円)+(31,500円+1,125,000円$$

$$+226,800円)-252,300円-900円=1,500,000円$$

$$\therefore \quad 1,500,000円\div1,640個=914.63……円／個$$

31 非累加法による工程別総合原価計算

《解答》 ②

《解説》

　通常の計算方式では、計算上全工程をあたかも単一工程とみなして、工程ごとに一括して原価配分法を適用する。一方、改正計算方式では、結局、累加法を工程費別に適用するのと同じことである。どちらの計算方式を採用しても最終工程である第２工程の加工費の計算結果は異ならないので、ここでは、第１工程費の

計算のみ示す。

1．生産データの整理　（　）内の数値は加工換算量を表す。

第 1 工程　　　　　（単位：kg）

月　初　1	80（40）	最終完成	330
月　初　2	40（40）	月　末　2	30（30）
		正　減　2	40（40）
		正　減　1	30（20）
当月投入	370（370）	月　末　1	60（30）
			490（450）

2．通常の計算方式

(1)　各工程の月末仕掛品に含まれる第 1 工程原料費の算定

第 1 工程月末仕掛品：（509,080円＋282,240円＋2,348,600円）÷490kg×60kg＝384,480円

第 2 工程月末仕掛品：（509,080円＋282,240円＋2,348,600円－384,480円）÷（490kg－60kg－30kg－40kg）×30kg＝229,620円

(2)　各工程の月末仕掛品に含まれる第 1 工程加工費の算定

第 1 工程月末仕掛品：（687,000円＋797,040円＋5,955,000円）÷450kg×30kg＝495,936円

第 2 工程月末仕掛品：（687,000円＋797,040円＋5,955,000円－495,936円）÷（450kg－30kg－20kg－40kg）×30kg＝578,592円

(3)　完成品原価（第 1 工程費）の算定

509,080円＋282,240円＋2,348,600円＋687,000円＋797,040円＋5,955,000円－384,480円－229,620円－495,936円－578,592円＝8,890,332円

3．生産データの整理　（　）内の数値は加工換算量を表す。

第 1 工程	（単位：kg）			第 2 工程	（単位：kg）		
月　初	80（40）	完成 1	360	月　初	40（16）	最終完成	330
		正　減	30（20）			月　末	30（24）
当月投入	370（370）	月　末	60（30）	当月投入	360（358）	正　減	40（20）
			450（410）				400（374）

4．改正計算方式

(1) 各工程の月末仕掛品に含まれる第1工程原料費の算定

第1工程月末仕掛品：$(509,080円 + 2,348,600円) \div 450kg \times 60kg = 381,024円$

第2工程月末仕掛品：$(509,080円 + 2,348,600円 - 381,024円 + 282,240円) \div (400kg - 40kg) \times 30kg = 229,908円$

(2) 各工程の月末仕掛品に含まれる第1工程加工費の算定

第1工程月末仕掛品：$(687,000円 + 5,955,000円) \div 410kg \times 30kg = 486,000円$

第2工程月末仕掛品：$(687,000円 + 5,955,000円 - 486,000円 + 797,040円) \div (400kg - 40kg) \times 30kg = 579,420円$

(3) 完成品原価（第1工程費）の算定

$509,080円 + 282,240円 + 2,348,600円 + 687,000円 + 5,955,000円 + 797,040円 - 381,024円 - 229,908円 - 486,000円 - 579,420円 = 8,902,608円$

5．通常の計算方式と改正計算方式との完成品総合原価の差

$8,902,608円 - 8,890,332円 = 12,276円$

32 等級別総合原価計算

《解答》　⑤

《解説》

生産・原価データの整理（**太字部分は原価（単位：千円）**、細字部分は換算量（単位：千個）、先入先出法）

1．製品R

製品R　生産・原価データ

月　初	124,120	500	2,000	下記参照	完　成
	(74,544)	(300)			
当　月	*1 557,280	2,250	100	評22	正　仕
	*2 (609,525)	(2,250)	(100)		
			600	148,608	月　末
			(420)	(113,778)	
			50	12,384	異　仕
			(30)	(8,127)	

完成品総合原価：124,120千円＋74,544千円＋557,280千円
＋609,525千円－(148,608千円＋113,778千円)
－(12,384千円＋8,127千円)－22千円＝1,082,550千円

完成品単位原価：1,082,550千円÷2,000千個＝541.275円→541円

2．製品L（参考）

製品L　生産・原価データ

月　初	110,440	400	1,800	下記参照	完　成
	(92,976)	(240)			
当　月	*1 522,880	1,900	500	137,600	月　末
	*2 (700,470)	(1,810)	(250)	(96,750)	

完成品総合原価：110,440千円＋92,976千円＋522,880千円＋700,470千円
－(137,600千円＋96,750千円)＝1,192,416千円

完成品単位原価：1,192,416千円÷1,800千個＝662.45…円→662円

＊1：直接材料費の按分計算

	等価生産量	等価係数	積数	按分原価
製品R	2,250千個	0.9	2,025	557,280千円
製品L	1,900千個	1	1,900	522,880千円
			3,925	1,080,160千円

＊２：加工費の按分計算

	等価生産量	等価係数	積数	按分原価
製品R	2,250千個	0.7	1,575	609,525千円
製品L	1,810千個	1	1,810	700,470千円
			3,385	1,309,995千円

33 組別総合原価計算

《解答》 ①

《解説》

1．組加工費の組製品への配賦

製品X：5,388,760円÷（2,776時間＋3,490時間）×2,776時間＝2,387,360円

製品Y：5,388,760円÷（2,776時間＋3,490時間）×3,490時間＝3,001,400円

2．製品Xの計算

(1) 生産データの整理（括弧内は加工換算量を示す。以下同様）

生産データ　　　　　　（単位：個）

月　初	120	完　成	800
		月　末	100 （　30）
投　入	840	正　仕	60 （＊30）
			960 （　860）

＊：60個×1/2（ランダム発生）＝30個

(2) 仕損費の計算（なお、月初仕掛品の加工進捗度が不明であるため、月末仕掛品の評価方法は平均法であると推定される。製品Yの計算においても同様である。）

直接材料費：（206,320円＋1,431,104円）÷960個×60個＝102,339円

加　工　費：（182,320円＋2,387,360円）÷860個×30個＝　89,640円

(3) 仕損費を特に計算せず、関係品に自動的に負担させた場合における完成品仕損費負担額（直接材料費は実在量の比で按分され、加工費は加工換算量の

比で按分される）

　　　直接材料費：102,339円÷（800個＋100個）×800個＝90,968円

　　　加　工　費：　89,640円÷（800個＋ 30個）×800個＝86,400円

⑷　非度外視法により処理した場合の完成品仕損費負担額（仕損がランダム
　（平均）発生であるため、仕損費合計額を加工換算量の比で按分する。よっ
　て、直接材料費の負担額のみ異なる。）

　　　直接材料費：102,339円÷（800個＋30個）×800個＝98,640円

　　　加　工　費：　89,640円÷（800個＋30個）×800個＝86,400円

　　したがって、完成品が負担する仕損費は7,672円（＝98,640円－90,968
円）増加する。

3．製品Yの計算

⑴　生産データの整理

<table>
<tr><td colspan="4" align="center">生産データ</td><td align="right">（単位：個）</td></tr>
<tr><td>月　初</td><td>325</td><td>完　成</td><td>1,190</td><td></td></tr>
<tr><td></td><td></td><td>月　末</td><td>280</td><td>（　210）</td></tr>
<tr><td>投　入</td><td>1,270</td><td>正　仕</td><td>125</td><td>（　　50）</td></tr>
<tr><td></td><td></td><td></td><td>1,595</td><td>（1,450）</td></tr>
</table>

⑵　仕損費の計算

　　　直接材料費：（615,200円＋2,385,952円）÷1,595個×125個＝235,200円

　　　加　工　費：（664,780円＋3,001,400円）÷1,450個× 50個＝126,420円

⑶　仕損費を特に計算せず、関係品に自動的に負担させた場合における完成品
　仕損費負担額

　　　直接材料費：235,200円÷（1,190個＋280個）×1,190個＝190,400円

　　　加　工　費：126,420円÷（1,190個＋210個）×1,190個＝107,457円

⑷　非度外視法により処理した場合の完成品仕損費負担額（仕損が定点発生で
　あるため、仕損費合計額を実在量の比で按分する。よって、加工費の負担額
　のみ異なる）

　　　直接材料費：235,200円÷（1,190個＋280個）×1,190個＝190,400円

　　　加　工　費：126,420円÷（1,190個＋280個）×1,190個＝102,340円

したがって、完成品が負担する仕損費は5,117円（＝102,340円−107,457円）減少する。

34 連産品の計算

《解答》　④

《解説》

1．連産品の連結原価の按分方法

$$\begin{cases} 見積売価 - 見積追加加工費 - 見積販管費 = 正常市価 \\ 正常市価 \times 生産量 = 積数 \end{cases}$$

連結原価は積数の比で按分する。なお、副産物があるときは、その評価額を連結原価より控除し、その後に連結原価を按分する。

2．製品Bの完成品原価の算定

(1)　積数　　A：（350円／kg−30円／kg−20円／kg）×2,000kg＝　600,000円

　　　　　　B：（400円／kg−40円／kg−30円／kg）×3,500kg＝1,155,000円

　　　　　　C：（250円／kg−50円／kg−20円／kg）×3,850kg＝　693,000円

　　　　　　　　　　　　　　　　　　　　　　　　　　　　　2,448,000円

(2)　連結原価

642,000円＋1,087,350円−（30円／kg−10円／kg−5円／kg）×1,050kg
　　　　　　　　　　　　　　　　　　　　副産物評価額

＝1,713,600円

∴　$1,713,600円 \times \dfrac{1,155,000円}{2,448,000円} + 139,000円 = 947,500円$
　　　　　　　　　　　　　　　　　　　追加加工費

35 副産物の評価

《解答》　⑤

《解説》

『基準』二八によれば、副産物Eは軽微なものであるため、売却収入を原価計

算外の収益とすることができる。問題文上、売却収入の資料しか与えられていないため、この処理をせざるをえない。従って主産物の総合原価から控除する評価額とはならない。そこで残りの副産物について評価額を計算してみる。

	売価（購入額）	販売管理費	追加加工費	通常の利益	数量	評価額
A	150円／kg	10円／kg	30円／kg	※15円／kg	15,000kg	1,425,000円
B	150円／kg	10円／kg	—	※15円／kg	8,000kg	1,000,000円
C	200円／kg	—	30円／kg	—	4,600kg	782,000円
D	200円／kg	—	—	—	3,500kg	700,000円
						3,907,000円

※　150円／kg×10%＝15円/kg

36 個別原価計算と総合原価計算の比較

《解答》　③

《解説》

a．誤り

　　個別原価計算と総合原価計算の本質的な違いは、原価集計単位の相違にある。すなわち個別原価計算が特定製造指図書の生産命令数量であるのに対し、総合原価計算は期間生産量である。従って、同種製品を大量に反復継続的に生産する生産形態の企業であっても、特定製造指図書を発行して原価を集計しているような企業であれば個別原価計算を適用できる（たとえば、ロット別個別原価計算）。

b．誤り

　　組別原価計算は、一定期間に生産された製品に原価を集計する原価計算方法に分類されるため、たとえ製造指図書で原価要素を区分していたとしても、総合原価計算の範疇に区分される。

c．正しい

　　総合原価計算は生産形態の違いによって、単純総合原価計算・等級別総合原価計算・組別総合原価計算に分類される。

d．誤り

　　cで述べたように総合原価計算は生産形態の違いによって、単純・組別・等級別原価計算に区分されるだけで、それぞれの計算につき原価の部門別計算を実施することが可能である。

第 **6** 章
標準原価計算

解答・解説編

37 標準原価計算の目的

《解答》 ⑤

《解説》

アについて（原価管理を効果的にするため）

　a．「十分な」原価能率の増進にはやはり標準を設定すべきであり、誤りといえる。

　b．標準原価の機能として事前的管理機能があり、正しい。

　c．実際原価の欠点として、この記述は正しい。

　　したがってaのみが誤り。

イについて（真実の原価）

　a．実際原価の特徴として、この記述は正しい。

　b．原価計算基準では、原価差異を適切に処理することを前提に、標準原価を真実な原価としているので、誤りである。

　c．偶然性が製品原価に影響することを排除し、正常な原価を算定することに原価数値の客観性を見出すことができるため、標準原価が真実な原価として認められる。よってこの記述は正しい。

　　したがってbのみが誤り。

ウについて（予算とくに見積財務諸表の作成）

　a．タイトネスの修正をしないと、計画の当初において予算の均衡が崩れ、事前的調整を狙いとする予算管理には役立たないため、この記述は正しい。

　b．予算編成時には、標準原価に基づいて予算原価が設定されたり、また、部

門製造間接費予算や計画操業度に基づいて製造間接費の標準配賦率が設定されるため、両者は密接な関係がある。よって、この記述は誤りである。

c．標準原価によるのが望ましいが、必ず標準原価にとらなければならないわけではないため、この記述は誤りである。

したがってaのみが正しい。

エについて（記帳を簡略化し、迅速化）

a．あらかじめ製品単位当たりの原価が定められているので、実際原価の集計を待たずして、製品原価の計算を開始することができるため、この記述は正しい。

b．記帳の簡略化、迅速化の意味は、仕掛品や製品勘定の製品原価の記帳についてであるため、誤りである。

c．標準原価計算では、製品の標準原価は計算するが、実際原価までは計算しないため、誤りである。

したがってaのみが正しい。

38 製造間接費の標準原価差異分析

《解答》　④

《解説》

1．生産データの整理　（　）内は加工換算量を表す。

（単位：個）

月初	20(16)	完成	433
投入	493(433)	月末	80(16)
			513(449)

したがって、標準操業度は433個×65直接作業時間（h）／個＝28,145 h

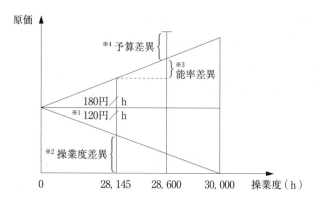

2．公式法変動予算における差異分析

※1 予定配賦率 $= 9,000,000$ 円 $\div 30,000\,\mathrm{h} = 300$ 円／h

固定費率 $= 300$ 円／h $- 180$ 円／h $= 120$ 円／h

※2 $(28,145\,\mathrm{h} - 30,000\,\mathrm{h}) \times 120$ 円／h $= -222,600$ 円（不利差異）

※3 $(28,145\,\mathrm{h} - 28,600\,\mathrm{h}) \times 180$ 円／h $= -81,900$ 円（不利差異）

※4 $(120$ 円／h $\times 30,000\,\mathrm{h} + 180$ 円／h $\times 28,600\,\mathrm{h}) - 8,930,000$ 円 $= -182,000$ 円（不利差異）

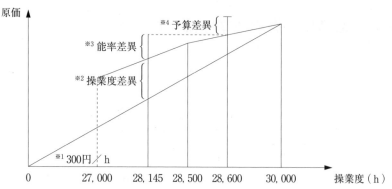

3．実査法変動予算における差異分析

※1 公式法と同じ（$9,000,000$ 円 $\div 30,000\,\mathrm{h} = 300$ 円／h）

※2 標準操業度における予算許容額

$$8,148,000 \text{円} + \frac{8,568,000 \text{円} - 8,148,000 \text{円}}{28,500\,\mathrm{h} - 27,000\,\mathrm{h}} \times (28,145\,\mathrm{h} - 27,000\,\mathrm{h}) = 8,468,600 \text{円}$$

操業度差異：300円／h×28,145h－8,468,600円＝－25,100円（不利差異）

※3　実際操業度における予算許容額

$$8,568,000円+\frac{9,000,000円-8,568,000円}{30,000h-28,500h}\times(28,600h-28,500h)=8,596,800円$$

能率差異：8,468,600円－8,596,800円＝－128,200円（不利差異）

※4　8,596,800円－8,930,000円＝－333,200円（不利差異）

（単位：円）

	能　率　差　異	予　算　差　異	操業度差異	合　　　計
公式法変動予算	－81,900 a	－182,000	－222,600	－486,500
実査法変動予算	－128,200	－333,200 b	－25,100	－486,500
合　　　計	－210,100	－515,200	－247,700 c	

∴　－81,900円－333,200円－247,700円＝－662,800円

39 標準原価計算の差異分析

《解答》　②

《解説》

1．当月の生産データの整理

生産データ　　　　　（単位：個）

月　　初	150（　　60）	完　成　品	1,150
当月投入	1,350（1,300）	月　　末	350（　210）

（　）は、加工換算量を示す。

2．標準原価差異の算定

(1)　直接材料費差異

①　価格差異

1,000円／kg×2,835kg－2,976,750円＝－141,750円（不利差異）

②　数量差異

(2kg／個×1,350個－2,835kg)×1,000円／kg＝－135,000円（不利差異）

(2) 直接労務費差異

    ① 賃率差異

        600円／h×4,160h－2,516,800円＝－20,800円（不利差異）

    ② 作業時間差異

        （3h／個×1,300個－4,160h）×600円／h＝－156,000円（不利差異）

(3) 製造間接費差異

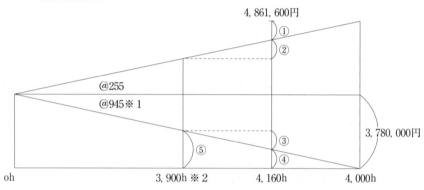

  ※1　3,780,000円÷4,000h＝945円／h

  ※2　3h／個×1,300個＝3,900h

①：（255円／h×4,160h＋3,780,000円）－4,861,600円

                    ＝－20,800円（不利差異）

②：（3,900h－4,160h）×255円／h＝－66,300円（不利差異）

③：（3,900h－4,160h）×945円／h＝－245,700円（不利差異）

④：（4,160h－4,000h）×945円／h＝151,200円（有利差異）

⑤：（3,900h－4,000h）×945円／h＝－94,500円（不利差異）

	2　分　法	3分法(その I)	3分法(その II)	4　分　法
①	管理可能差異	予　算　差　異	予　算　差　異	予　算　差　異
②		能　率　差　異	能　率　差　異	変動費能率差異
③	操　業　度　差　異 （⑤）		操　業　度　差　異 （⑤）	固定費能率差異
④		操　業　度　差　異		操　業　度　差　異

  3分法の I とは、能率差異を変動費・固定費の両者から算定する方法をいう。

  3分法の II とは、能率差異を変動費部分からのみ算定する方法をいう。

a．誤り。

製造間接費における操業度差異に、有利差異の出る可能性がある（3分法の
I、4分法のケース）。

b．正しい。

c．誤り。

設問の記述は、3分法のI（もしくは4分法）を指すと考えられるが、この
場合操業度差異は、151,200円（有利差異）となる。

d．誤り

数量差異は135,000円（不利差異）である。

e．正しい。

設問の記述は、3分法のI（もしくは4分法）を指すものと考えられるが、
この場合予算差異は、20,800円（不利差異）である。

40 標準原価計算の勘定記入

《解答》 ①

《解説》

1．生産データの整理 （ ）内は加工換算量を表す。

（単位：個）

月初 30（ 18）	完成 520
投入 530（534）	月末 40（ 32）
	560（552）

2．仕掛品 a/c

仕　掛　品 （単位：円）

前 月 繰 越	a	504,000	製　　　品	c	13,416,000
材　　料	b	1,850,100	直接材料費差異	d	101,100
賃　　金		5,267,500	直接労務費差異	e	461,500
製 造 間 接 費		7,401,000	製造間接費差異	f	192,000
			次 月 繰 越	g	852,000
		15,022,600			15,022,600

a　3,300円／個×30個＋（9,000円／個＋13,500円／個）×18個＝504,000円

b　21円／kg×88,100kg＝1,850,100円

c　25,800円／個×520個＝13,416,000円

d　3,300円／個×530個－1,850,100円＝－101,100円（不利差異）

e　9,000円／個×534個－5,267,500円＝－461,500円（不利差異）

f　13,500円／個×534個－7,401,000円＝－192,000円（不利差異）

g　3,300円／個×40個＋（9,000円／個＋13,500円／個）×32個＝852,000円

a＋b＋c＋d－e－f－g＝14,365,700円

41 標準原価計算における原価差異の会計処理

《解答》　④

《解説》

1．生産データの整理

材　料　（kg）		仕　掛　品		製　品	
初　　0	払　1,560	初　　0	完　2,600	初　　0	販　2,400
当　1,610	末　　50	当　3,100	末　　500	当　2,600	末　　200
		（2,900）	（300）		

2．材料受入価格差異の計算

材料受入価格差異；$(800円／kg－820円／kg)×1,610kg＝－32,200円$

売上原価；$32,200円×\dfrac{1,560kg}{1,610kg}＝31,200円$

期末棚卸；$32,200円×\dfrac{50kg}{1,610kg}＝1,000円$

3．材料数量差異の計算

$(3,100単位×0.5kg／単位－1,560kg)×800円／kg＝－8,000円（売上原価に賦課）$

4．直接労務費差異及び製造間接費差異の計算

$(1,800円／単位＋1,200円／単位)×2,900単位－(5,279,820＋3,518,780)＝－98,600円$

売上原価；$98,600円×\dfrac{2,400単位}{2,900単位}＝81,600円$

期末棚卸；$98,600円×\dfrac{300単位＋200単位}{2,900単位}＝17,000円$

以上より、公表用財務諸表に記載される売上原価の金額は

$3,400円／単位×2,400単位＋31,200円＋8,000円＋81,600円＝8,280,800円$←答え

---

42 歩留差異・配合差異の計算

《解答》　①

《解説》

1．投入・産出関係の把握

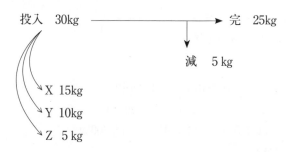

2．生産データの整理

実際歩留（単位：kg）

当 29,088[※1]	完	24,000
	減	5,088[※2]

標準歩留（単位：kg）

当 28,800[※4]	完	24,000
	減	4,800[※3]

※1　$14,800\text{kg} + 9,800\text{kg} + 4,488\text{kg} = 29,088\text{kg}$

※2、※4　貸借差額

※3　$24,000\text{kg} \times \dfrac{5\,\text{kg}}{25\text{kg}} = 4,800\text{kg}$

3．原料Zの配合差異の算定

$$\left(29,088\text{kg} \times \dfrac{5\,\text{kg}}{30\text{kg}} - 4,488\text{kg}\right) \times 184\text{円／kg} = 66,240\text{円（有利）}$$

4．歩留差異の算定

$$\overset{\bullet}{※}225.3\text{円／kg} \times (28,800\text{kg} - 29,088\text{kg}) = -64,896\text{円（不利）}$$

$$※\quad \dfrac{240\text{円／kg} \times 15\text{kg} + 224\text{円／kg} \times 10\text{kg} + 184\text{円／kg} \times 5\,\text{kg}}{15\text{kg} + 10\text{kg} + 5\,\text{kg}}$$

$$= 225.333\cdots\text{円／kg}$$

従って、①が正解となる。

なお、以下に原料種類別の配合差異及び歩留差異を算定しておく。

5．原料種類別の配合差異及び歩留差異の算定

(1)　原料X

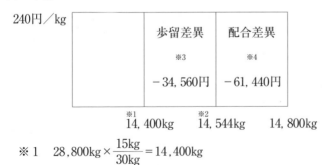

240円／kg

	歩留差異	配合差異
	※3	※4
	−34,560円	−61,440円

　　　　　14,400kg[※1]　　14,544kg[※2]　　14,800kg

※1　$28,800\text{kg} \times \dfrac{15\text{kg}}{30\text{kg}} = 14,400\text{kg}$

※2 　$29{,}088\text{kg} \times \dfrac{15\text{kg}}{30\text{kg}} = 14{,}544\text{kg}$

　※3 　$(14{,}400\text{kg} - 14{,}544\text{kg}) \times 240\text{円／kg} = -34{,}560\text{円}$（不利）

　※4 　$(14{,}544\text{kg} - 14{,}800\text{kg}) \times 240\text{円／kg} = -61{,}440\text{円}$（不利）

⑵　原料Y

224円／kg

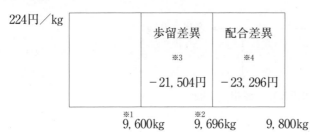

	歩留差異 ※3 －21,504円	配合差異 ※4 －23,296円

　　　　　　　　　　※1　　　　　　※2
　　　　　　　　9,600kg　　9,696kg　　　9,800kg

　※1 　$28{,}800\text{kg} \times \dfrac{10\text{kg}}{30\text{kg}} = 9{,}600\text{kg}$

　※2 　$29{,}088\text{kg} \times \dfrac{10\text{kg}}{30\text{kg}} = 9{,}696\text{kg}$

　※3 　$(9{,}600\text{kg} - 9{,}696\text{kg}) \times 224\text{円／kg} = -21{,}504\text{円}$（不利）

　※4 　$(9{,}696\text{kg} - 9{,}800\text{kg}) \times 224\text{円／kg} = -23{,}296\text{円}$（不利）

⑶　原料Z

184円／kg

	歩留差異 ※3 －8,832円	配合差異 ※4 66,240円

　　　　　　　　　　※1　　　　　　※2
　　　　　　　　4,800kg　　4,848kg　　　4,488kg

　※1 　$28{,}800\text{kg} \times \dfrac{5\text{kg}}{30\text{kg}} = 4{,}800\text{kg}$　　※2 　$29{,}088\text{kg} \times \dfrac{5\text{kg}}{30\text{kg}} = 4{,}848\text{kg}$

　※3 　$(4{,}800\text{kg} - 4{,}848\text{kg}) \times 184\text{円／kg} = -8{,}832\text{円}$（不利）

　※4 　$(4{,}848\text{kg} - 4{,}488\text{kg}) \times 184\text{円／kg} = 66{,}240\text{円}$（有利）

43 歩留差異・人員構成差異の計算

《解答》　①

《解説》

1．投入・産出関係の把握

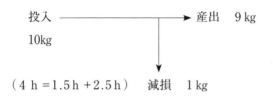

2．生産データの整理

実際歩留（単位：kg）				標準歩留（単位：kg）	
当　8,520	完　7,560		当　8,400※2	完　7,560	
	減　　960※1			減　　840※3	

※1　貸借差額

※2　$7,560\text{kg} \times \dfrac{10\text{kg}}{9\text{ kg}} = 8,400\text{kg}$

※3　$7,560\text{kg} \times \dfrac{1\text{ kg}}{9\text{ kg}} = 840\text{kg}$

3．人員構成差異および歩留差異の算定

(1) 人員構成差異

$\times\,(1{,}285\,\text{h}+2{,}155\,\text{h})=2{,}000$円（有利）

(2) 歩留差異

$$(8{,}400\text{kg}-8{,}520\text{kg}) \times \dfrac{2{,}700\text{円}+3{,}500\text{円}}{10\text{kg}} = -74{,}400\text{円（不利）}$$

なお、工具別の差異分析を以下に示しておく。

1　級　工

1,820円／h			
賃　率　差　異　　－25,700円（不利）			
1,800円／h			

歩留差異	その他の作業時間差異	人員構成差異
－32,400円（不利）	－21,600円（不利）	9,000円（有利）

※3 1,260 h　　※2 1,278 h　　※1 1,290 h　　　　1,285 h

※1　$(1{,}285\,\text{h} + 2{,}155\,\text{h}) \times \dfrac{1.5\,\text{h}}{1.5\,\text{h} + 2.5\,\text{h}} = 1{,}290\,\text{h}$

※2　$8{,}520\text{kg} \times \dfrac{1.5\,\text{h}}{10\text{kg}} = 1{,}278\,\text{h}$

※3　$8{,}400\text{kg} \times \dfrac{1.5\,\text{h}}{10\text{kg}} = 1{,}260\,\text{h}$

2　級　工

1,440円／h			
賃　率　差　異　　－86,200円（不利）			
1,400円／h			

歩留差異	その他の作業時間差異	人員構成差異
－42,000円（不利）	－28,000円（不利）	－7,000円（不利）

※3 2,100 h　　※2 2,130 h　　※1 2,150 h　　　　2,155 h

※1　$(1{,}285\,\text{h} + 2{,}155\,\text{h}) \times \dfrac{2.5\,\text{h}}{1.5\,\text{h} + 2.5\,\text{h}} = 2{,}150\,\text{h}$

※2　$8{,}520\text{kg} \times \dfrac{2.5\,\text{h}}{10\text{kg}} = 2{,}130\,\text{h}$

※3　$8{,}400\text{kg} \times \dfrac{2.5\,\text{h}}{10\text{kg}} = 2{,}100\,\text{h}$

44 仕損差異分析

《解答》 ③

《解説》

1. 生産データの整理（単位：個）

月初	900	5,500	完　　成
	(630)		
		*¹110	正常仕損
		(110)	
		*² 55	異常仕損
		(55)	
当月投入	6,100	1,335	月　　末
	(5,702.5)	(667.5)	

＊1：5,500個×2％＝110個

＊2：165個−110個＝55個

2. 仕掛品勘定の作成

仕　掛　品　　　　　　　　　　（単位：円）

前　月　繰　越 ア：*¹	10,530,000	製　　　　　品 *²	84,095,000
直　接　材　料　費	24,981,330	異　常　仕　損　費 イ： *³	797,500
直　接　労　務　費	29,709,300	仕　　損　　品 *⁴	82,500
製　造　間　接　費	35,791,802	直接材料費差異 *⁵	581,330
		直接労務費差異 ウ：*⁶	1,196,800
		製造間接費差異 *⁷	1,576,802
		次　月　繰　越 *⁸	12,682,500
	101,012,432		101,012,432

＊1：4,000円／個×900個＋（5,000円／個＋6,000円／個）×630個

　　　＝10,530,000円

＊2：15,290円／個×5,500個＝84,095,000円

＊3：(15,000円／個－500円／個)×55個＝797,500円

＊4：500円／個×165個＝82,500円

＊5：4,000円／個×6,100個－24,981,330円＝－581,330円（借方差異）

＊6：5,000円／個×5,702.5個－29,709,300円＝－1,196,800円（借方差異）

＊7：6,000円／個×5,702.5個－35,791,802円＝－1,576,802円（借方差異）

＊8：4,000円／個×1,335個＋(5,000円／個＋6,000円／個)×667.5個

　　　＝12,682,500円

空欄ア・イ・ウの合計は

10,530,000円＋797,500円＋1,196,800円＝12,524,300円

第 **7** 章
直接原価計算

45 全部原価計算と直接原価計算の営業利益の比較

《解答》 ②

《解説》

1. 生産・販売データの整理 (単位：個)

	第1期			第2期			第3期			第4期	
期首	0	販売	900	期首	0	販売	840	期首	60	販売	840	期首	30	販売	900
生産	900	期末	0	生産	900	期末	60	生産	810	期末	30	生産	870	期末	0

2. 全部原価計算と直接原価計算の利益の相違

　操業度差異は、売上原価に賦課されるため、両計算方式で期間利益が相違する原因となるのは、期首と期末の棚卸資産に配賦された固定製造間接費にある。

$$第3期 \quad 1,800円／個^※ × \overset{(30個-60個)}{\underset{末\quad\quad 首}{}} = 54,000円 （全部＜直接）$$

$$※ \quad 1,620,000円 ÷ 1,350mh × \frac{15mh}{10個} = 1,800円／個$$

46 固定費の調整計算（直接標準原価計算）

《解答》 ③

《解説》

1. 固定費調整額の計算

(1) 期首棚卸資産に含まれる製造固定費

$$(1,500個 \times 0.8 + 500個) \times 1,200円／個 = 2,040,000円$$

(2) 期末棚卸資産に含まれる製造固定費

$$(2,000個 \times 0.6 + 2,500個) \times 1,200円／個 = 4,440,000円$$

$$\begin{pmatrix} 直接原価計算に \\ よる営業利益 \end{pmatrix} + \begin{pmatrix} 期末棚卸資産 \\ 製造固定費 \end{pmatrix} - \begin{pmatrix} 期首棚卸資産 \\ 製造固定費 \end{pmatrix} = \begin{pmatrix} 全部原価計算に \\ よる営業利益 \end{pmatrix}$$

固定費調整額
⇩
$$4,440,000円 - 2,040,000円 = 2,400,000円$$

2．会計処理

〔期首分〕

（借方）固定費調整　2,040,000　（貸方）繰延固定費　2,040,000

〔期末分〕

（借方）繰延固定費　4,440,000　（貸方）固定費調整　4,440,000

〔決算振替〕

（借方）固定費調整　2,400,000　（貸方）損　　益　2,400,000

47 全部原価計算と直接原価計算の比較

《解答》　⑤

《解説》

ア．正しい

全部原価計算と直接原価計算の営業利益が異なる原因の１つに、製造固定費が期間費用となるタイミングの相違が挙げられる。つまり、そのタイミングが、全部原価計算では販売時、直接原価計算は発生時であるということである。なお、全部原価計算における操業度差異の処理方法の相違も原因の１つとなる。しかし『基準』によれば、操業度差異は原則として売上原価とされるため、それは全部原価計算においても期間原価となり、そのような場合には両者の営業利益が相違する原因とはならない。

従って、原因の１つであることには変わりなく、明らかに間違ってはいない。

イ．正しい

　　生産量よりも販売量が多い場合は、期首棚卸資産よりも期末棚卸資産の数量が小さくなる。従って、標準原価によって棚卸資産評価を行っている場合には、期間原価となる製造固定費は、全部原価計算の方が大きくなる関係上、営業利益は全部原価計算のほうが小さくなる。

ウ．正しい

　　標準原価によって棚卸資産評価を行うとき、生産量と販売量が一致する場合は、期間原価となる製造固定費の金額に両計算の差異はなくなる。従って、全部原価計算による営業利益と直接原価計算による営業利益は一致する。

エ．正しい

　　製品単位当たりの変動費発生額・固定費の期間発生額・製品の販売数量及び販売単価が前期と当期において変わらなかった場合でも、期首棚卸資産と期末棚卸資産の数量が変化すれば、製品単位当たりの製品が負担する固定費の金額が前期と当期では変わる。また、予定配賦を行っている場合には、生産量の変化によって操業度差異の発生金額が前期と当期では変わってくる。よって、全部原価計算における営業利益が前期と当期で変わることは十分に考えられる。

オ．誤り

　　販売費及び一般管理費は、直接原価計算では変動費と固定費に区分し、変動費は販売製品との関係でその期間発生額が収益に個別的に対応され、固定費は製品でなく期間を媒介として収益に直接的に対応させられる。よって両者共、その期間の費用として処理されるため、全部原価計算と比較しても同額の金額がその期の損益計算書に計上される。従ってこれを原因としては、両者の営業利益に差異は生じず、この文章は明らかに間違っている。

48 固定費の調整計算（実際直接原価計算）

《解答》　②

《解説》

1．全部原価計算における期末棚卸資産の金額

(1) 固定加工費の調整比率

1,680,000円÷2,800,000円＝0.6

(2) 当期の固定費調整額

① 期末仕掛品　225,000円×0.6＝135,000円

② 期末製品　369,000円×0.6＝221,400円

(3) 期末棚卸資産

① 期末仕掛品　350,000円＋135,000円＝485,000円

② 期末製品　594,000円＋221,400円＝815,400円

2．全部原価計算における営業利益

(1) 売上原価

$$(362,440円＋932,300円)＋(4,500,000円＋1,680,000円)$$

期首棚卸資産　　　　　　　　　当期総製造費用

$$-(485,000円＋815,400円)＝6,174,340円$$

期末棚卸資産

(2) 営業利益

$$8,250,000円－6,174,340円－(90,000円＋652,000円)＝1,333,660円$$

販　管　費

3．直接原価計算における限界利益

(1) 変動製造原価

$$(262,000円＋675,000円)＋4,500,000円－(350,000円＋594,000円)$$

期首棚卸資産　　　　　　当期総製造費用　　　　　　期末棚卸資産

$$＝4,493,000円$$

(2) 変動販管費：90,000円

(3) 限界利益

$$8,250,000円－4,493,000円－90,000円＝3,667,000円$$

∴　1,333,660円＋3,667,000円＝5,000,660円

49 全部原価計算と直接原価計算の利益の相違

《解答》 ④

《解説》

直接原価計算と全部原価計算の利益の相違について

　仕掛品が存在しなければ、生産量と販売量及び直接原価計算による営業利益（以下⑤と略）と全部原価計算による営業利益（以下全と略）につき、次のような関係が生ずる（但し、操業度差異を売上原価に賦課した場合）。

１．生産量と販売量と利益の関係

　　　　生産量＝販売量　→　全　＝　⑤

　　　　生産量＜販売量　→　全　＜　⑤

　　　　生産量＞販売量　→　全　＞　⑤

　①のケース

　　　生産量（360個＋40個－50個＝350個）＜販売量（360個）→　全＜⑤

　　　従って、①の記述は誤りであることがわかる。

　②のケース

　　　生産量（370個＋40個－50個＝360個）＜販売量（370個）→　全＜⑤

　　　従って、②の記述は誤りであることがわかる。

　③のケース

　　　生産量（340個）＜販売量（50個＋340個－40個＝350個）→　全＜⑤

　　　従って③の記述は誤りであることがわかる。

２．生産量が変化しても販売量が一定のとき

　　④のケースは販売量が上期の予算と同じであるが、生産量が異なっている。

　　　上期の生産量　350個（予定生産量と基準操業度が一致するので操業度差異は生じない）

　　　下期の生産量　300個＋40個－50個＝290個（予定生産量の290個と基準操業度の350個の差異の分だけ、操業度差異が生じる）

　　全部原価計算では、下期において発生した操業度差異の分だけ、下期の売上原価が大きくなるので、その分だけ上期より下期の営業利益は、小さくなって

いる。

　従って、④の記述は正しい。

3．生産量が一定のとき

　　⑤のケースは、生産量が、上期と下期で予算上一致しているケースとなっている。このような場合、全部原価計算でも、直接原価計算でも、営業利益は販売量にほぼ比例して変化する。しかしながら、両計算の増減額までもは一致しない。

　　本問につき、証明してみると次のようになる。

　{ 上期の生産量　350個
　{ 下期の生産量　360個＋40個－50個＝350個

　まず全部原価計算について。

　　操業度は上期も下期も予定生産量と基準操業度が350個で一致しているので、操業度差異は生じない。しかし、上期より下期の方が60個多く売っているため、60個分の製品単位当りの製造原価、すなわち変動製造原価と固定製造原価そして変動販売費が、上期よりも多くなる。売上高もその分多くなるため、営業利益は（予定売価－変動製造原価－固定製造原価－変動販売費）×60個分だけ多くなることになる。

　　次に、直接原価計算について。

　　営業利益計算に計上される固定費は、上期も下期も同額であるため、これによる営業利益の増減はない。従って、上期と下期で異なるのは60個の販売増に伴う売上高と変動製造原価そして変動販売費の増加額である。しかるに、営業利益は製品単位当りの限界利益（予定売価－変動製造原価－変動販売費）×60個分だけ多くなることになる。

　　よって全部原価計算の営業利益の営業利益増加額は、直接原価計算のそれよりも固定製造原価配賦額の分だけ小さくなる。

50 直接原価計算の意思決定への活用

《解答》 ④

《解説》

① あてはまる。

　このような、差別価格の決定の際には、その基礎となる原価として、「差額原価」を計算しなければならない。この差額原価は、製品の生産及び販売に伴い増減する原価でなければならず、この原価の増減分を合理的に算定するには、予め原価が固定費と変動費に区分されていることが前提である。そのための詳細な資料を提供するのが直接原価計算に他ならない。

② あてはまる。

　追加加工の可否を決定する際においても、①と同じ理由によって追加加工にかかわる差額原価を計算しなければならない。直接原価計算における変動費と固定費を区分した資料は、この差額原価の算定に有用である。

③ あてはまる。

　組別製品の組合せは、製品単位当たりの限界利益を基準として行われる。ボトルネック（共通制約条件）がある場合も同様にボトルネック単位当たりの限界利益を基準として行われる。この場合、組別製品の限界利益は、組別製品の販売価格から当該製品の変動製造原価及び変動販売費を控除して算定されるため、直接原価計算の資料は有用となる。

④ あてはまらない。

　本問は、次の2点で問題を含んでいる。まず第1に問題文をよく読むと「短期利益計画」・「予算編成」とある。本文は、設備の購入を含んだ計画なので個別構造計画ないし基本計画の範ちゅうに入る。第2に、直接原価計算の前提となる原価の固定費と変動費への区分は、一定の生産能力のもとにおける操業度の短期的な変動に対する原価態様であって、設備投資を伴う意思決定の場合には、直接原価計算が前提とした経営構造や固定費と変動費の区分も変化することが考えられるため、直接原価計算の資料をそのまま用いることには限界がある。

⑤　あてはまる。

　　最低補償価格の決定に際しては、変動費を中心として行われる。固定費については、生産を中止しても多くは依然として発生するからである。従って直接原価計算の原価資料はここでも用いられることになる。

第8章

管理会計の基礎知識

解答・解説編

51 財務会計と管理会計

《解答》　③

《解説》

ア．誤りである。

　　財務会計が外部報告目的で行われる会計であるのに対し、管理会計は内部報告目的で行われる会計であるが、財務会計と管理会計において用いられる情報が全く別であるということではない。

イ．誤りである。

　　財務会計は企業に対して制度的に強制されるものであるが、管理会計は制度的に強制されるものではない。しかし、管理会計が経営管理にとって有用な情報として不可欠なものであることには違いない。

ウ．正しい。

エ．誤りである。

　　現代においては、経済が発展した結果、消費者の価値観やニーズが多様化し、製品の多品種少量生産化が進んでいる。また、技術進歩によって、FA化・CIM化等の製造環境の変化も生じている。これらの変化により、原価企画や活動基準原価計算等の、新しい企業の管理会計システムや原価管理の思考を生み出す源泉となっている。

オ．正しい。

　　企業の行動として、地球自然環境への配慮が強く求められるようになっている。このため、管理会計の側面からも、地球自然環境への配慮には充分に注意

を払うべきであると言え、こうした背景から環境管理会計等の手法が求められるようになった。

以上より、選択肢③が正解となる。

52 管理会計の基礎知識①

《解答》 ⑤

《解説》

ア．正しい。

イ．正しい。

ウ．誤りである。

　我が国の企業においては、一般に欧米の企業と比べて会計数値が個人の業績評価や人事考課等に反映される割合は**小さい**と言われるが、近年成果主義が浸透してきていることから、その割合は次第に**大きく**なってきている。

エ．正しい。

オ．正しい。

カ．誤りである。

　トップマネジメントが問題を起こしている場合には、公共通報制度を通じてコーポレート・ガバナンスを矯正していくことが方策と考えられ、本方策は究極的には企業のためになることが考えうることから、管理会計担当者の取るべき対応の一つとして考えられるものであるといえる。

以上より、選択肢⑤が正解である。

53 管理会計の基礎知識②

《解答》　⑥

《解説》

ア．正しい。

　　財務会計情報の利用者は、企業外部の利害関係者であることから、その利害関係者の意思決定を誤らせないように財務会計情報には正確性や検証可能性、比較可能性が求められる。従って、財務会計情報は一般に公正妥当と認められた会計原則に準拠して作成されなければならないだけでなく、企業法等の諸規制に影響を受ける。一方、管理会計は有用性という要件を備えていればよく、また有用性とは、経営管理者の情報ニーズと実際に提供される情報との適合性を意味する。

イ．正しい。

　　当該要件が充たされる限り、非財務情報も財務情報と同様に管理会計が提供する情報と考えてよいとされる。

ウ．誤っている。

　　期間計画とは、将来の一定期間の総合的な経営計画であり、その期間における個別計画の集合となり、端的には期間の利益計画となるものである。なお、個別計画は、ある特定の問題に直面して、その解決のための行動を計画するものである。

　　計画会計は、次年度の利益計画のための損益分岐点分析や直接原価計算、予算編成が中心的に考えられ、統制会計は、予算統制や標準原価計算などが主に位置付けられた。

エ．誤っている。

　　経理部は、ライン業務に対し専門的な助言、勧告、支援活動を行うスタッフ部門（間接部門）に位置づけられる。ライン部門（直接部門）は、企業の基幹的職能を遂行することで、資本の循環過程を担う執行的職能を果たし、その活動の結果は直接に損益に影響する部門である。

54 マネジメント・プロセス

《解答》 ①

《解説》

　R.N.アンソニーの経営管理機能ないしマネジメント・プロセスは、(**ア：経営計画の立案**)、(**イ：オペレーショナル・コントロール**)、(**ウ：マネジメント・コントロール**) の3つの側面からなっている。ここで、(**ア：経営計画の立案**) プロセスは、プランニング（計画）とコントロール（統制）のうち、(**エ：プランニング**) がより多く要求され、企業の構造や性格を決定するような意思決定を伴うプロセスである。

　一方、(**ア：経営計画の立案**) プロセスとは正反対に、(**エ：プランニング**) があまり入り込まない、換言すると経営トップやマネージャーの意思決定を比較的必要としない経営管理機能を (**イ：オペレーショナル・コントロール**) プロセスと規定している。なお、後年、アンソニーは (**イ：オペレーショナル・コントロール**) の代わりにタスク・コントロールという言葉を用いるようになった。

　最後は、これら2つのプロセスの中間に属するもので、プランニングとコントロールがほぼ同等に要求される経営管理機能を (**ウ：マネジメント・コントロール**) プロセスと規定している。

　以上より、選択肢①が正解となる。

第9章

財務情報分析

解答・解説編

55 財務情報分析－収益性分析①－

《解答》 ①

《解説》

1. 来期の損益計算書の作成（固定費をXとおく）

次期損益計算書（単位：千円）

売 上 高	*1	1,120,000
変 動 費	*2	750,400
固 定 費		X
営業利益	*3	80,000

* 1：1,000,000千円×（1 + 0.12）＝1,120,000千円

* 2：670,000千円×（1 + 0.12）＝750,400千円

* 3：(500,000千円 − 100,000千円)×20％＝80,000千円

2. 圧縮すべき固定費の算定

1,120,000千円 − 750,400千円 − X千円＝80,000千円

これを解くとX＝289,600千円

よって削減額は、300,000千円 − 289,600千円＝10,400千円となる。

以上より、選択肢①が正解である。

56 財務情報分析―収益性分析②―

《解答》　②

《解説》

1．アの解答

> 　企業が活動を行っている環境は変化するため、企業は不確実性のもと経営を行っているといえる。企業はさまざまなリスクにさらされているが、ここでは、収益等が予想と異なって上下に変動するという意味でのリスクに着目し、財務レバレッジによる自己資本利益率の影響を見てみることにする。総資本が200,000千円、ROAが10％、有利子負債が120,000千円、利子率6％、税率40％とした場合、税引後ROEは（　ア　）％となる。

(1)　総資本×ROA＝事業利益

　　200,000千円×10％＝20,000千円

(2)　事業利益－支払利息＝税引前純利益

　　20,000千円－120,000千円×6％＝12,800千円

(3)　税引前純利益×（1－税率）＝税引後純利益

　　12,800千円×（1－40％）＝7,680千円

(4)　税引後純利益÷自己資本＝税引後ROE

　　7,680千円÷（200,000千円－120,000千円）＝0.096 →9.6％

　この計算をまとめると以下のようになる。なお、rは利子率、Dは有利子負債、Eは自己資本、tは税率を表している。

　税引後ROA ＝ ｛ROA ＋（ROA － r）× D／E｝ ×（1 － t）

2．イの解答

> 　ROAが一定であるとし、負債を増加させ負債比率（D／E）を高くすると、税引後ROEは（　イ　）する。

　税引後ROE ＝ ｛ROA ＋（ROA － r）× D／E｝ ×（1 － t）

　（ROA － r）がプラスの値となっているため、D／Eが高くなると ｛ ｝ の値が大きくなる。したがって、税引後ROEは上昇する。

3．ウ、エの解答

売上高純利益率が1.92％と自己資本比率が40％の場合、総資本回転率は（　ウ　）回転であり、売上高純利益率と自己資本比率を1.92％と40％で一定とし、総資本回転率が（　エ　）しているときは、自己資本純利益率は上昇する。

　売上高純利益率が1.92％という部分から、7,680千円÷1.92％＝400,000千円と売上高が求まる。したがって、資本回転率は、400,000千円÷200,000千円＝2（回転）となる。また、自己資本純利益率＝売上高純利益率×自己資本比率の逆数（財務レバレッジ）×総資本回転率であるため、総資本回転率が上昇すれば、それに応じて自己資本純利益率も上昇する。

　なお、自己資本比率は80,000千円÷200,000千円＝40％と計算される。

４．オの解答

　また、自己資本比率が低い企業の場合、自己資本比率が高い企業に比べ他の条件を同じとするならば、業績悪化時には減益幅が（　オ　）する。

　自己資本比率が低い企業は、自己資本比率の逆数（財務レバレッジ）が高い企業ということになる。財務レバレッジが高い企業はレバレッジが利く分、業績悪化時には減益幅が拡大するといえる。

57 財務情報分析－安全性分析①－

《解答》　⑤

《解説》

① 流動比率（＝流動資産÷流動負債×100％）

　流動負債（買掛金など）の返済能力を判断するのに役立つ指標である。

　11,340千円÷7,560千円＝1.5＝150％

② 当座比率（＝当座資産÷流動負債×100％）

　流動比率には棚卸資産等が含まれてしまうから、より換金性の高い当座資産を流動資産に代わって用いたのが当座比率である。

　8,316千円÷7,560千円＝1.1＝110％

③　固定比率（＝株主資本÷固定資産×100％）

　　固定資産への投下資金は流動性に乏しく、長期にわたって資金が固定化する。固定資産は返済期限のない株主資本で調達されていることが望ましいという指標である。

　　7,560千円÷7,560千円＝ 1 ＝100％

④　負債比率（＝負債÷総資本×100％）

　　長期の財務安全性を見るための指標である。

　　11,340千円÷18,900千円＝0.6＝60％

　　※　財務リスクの源泉は、企業が必要な資金の一部を他人資本で調達したことにあるため、負債比率＝他人資本／自己資本　と表されることもある。本問は総資本を用いて算定するため、これとは異なる。

　以上より、選択肢⑤が正解である。

58 財務情報分析－安全性分析②－

《解答》　②

《解説》

アに関して：正しくない

　流動比率＝流動資産÷流動負債

　当座比率＝当座資産÷流動負債

　　当座資産：流動資産のうちでも特に早期に換金できる一連の資産

　よって、流動比率の方が大きい指標となる。

　また、一般に流動比率は200％以上で、当座比率は100％以上であることが望ましいといわれている。

イに関して：正しい

　負債比率：他人資本÷自己資本

　自己資本比率：自己資本÷総資本

ウに関して：正しくない

エクイティ・ファイナンス（新株発行を伴う資金調達）が活発化することにより、自己資本の割合は相対的に上昇した。

エに関して：正しい

固定比率（参考）：固定資産÷資本

固定長期適合率：固定資産÷（資本＋固定負債）

※　分母に少数株主持分を含むこともある。

以上より、選択肢②が正解である。

第10章

短期利益計画のための管理会計

解 答 ・ 解 説 編

59 原価分解

《解答》 ⑤

《解説》

1．正常操業圏

(1) 最低操業度

400時間×90％＝360時間

(2) 最高操業度

400時間×110％＝440時間

以上より、正常操業圏から外れる2月（357時間）と7月（443時間）は、サンプルの対象外となる。

2．高低点法による原価分解

変動費率＝(360,400円－331,600円)÷(430時間－370時間)＝480円／時間

月間の固定費額＝360,400円－480円／時間×430時間＝154,000円

3．最小自乗法による原価分解

直接作業時間：X、製造間接費：C、変動費率：v、月間の固定費額：F、サンプル数：N

$$\begin{cases} \Sigma C = N F + v \Sigma X \\ \Sigma X C = F \Sigma X + v \Sigma X^2 \end{cases}$$

$\Sigma C = 2,780,000 - 330,500 - 373,500 = 2,076,000$（サンプルの製造間接費合計額）

$\Sigma X = 3,200 - 357 - 443 = 2,400$（サンプルの直接作業時間合計）

$$\Sigma XC = 406 \times 351,000 + 380 \times 335,700 + 370 \times 331,600 + 420 \times 356,300$$
$$+ 430 \times 360,400 + 394 \times 341,000 = 831,736,000$$

$$\Sigma X^2 = 406 \times 406 + 380 \times 380 + 370 \times 370 + 420 \times 420 + 430 \times 430 + 394$$
$$\times 394 = 962,672$$

$$\begin{cases} 2,076,000 = 6\,F + 2,400\,v \\ 831,736,000 = 2,400\,F + 962,672\,v \end{cases}$$

したがって、変動費率 v = 500円／時間、月間の固定費額 F = 146,000円

4．高低点法の年間の固定費額と最小自乗法の年間の固定費額との差

(154,000円／月 − 146,000円／月) × 12ヶ月 = 96,000円

60 CVP分析①

《解答》　④

《解説》

製品単位あたり売上高　18,000千円 ÷ 4,000個 = 4.5千円／個

変動費率　(10,800千円 − 8,100千円) ÷ (18,000千円 − 13,500千円) = 0.6

変動資本率　(9,900千円 − 7,425千円) ÷ (18,000千円 − 13,500千円) = 0.55

販売数量3,600個のときの売上高　4.5千円／個 × 3,600個 = 16,200千円

販売数量3,600個のときの総資本額　16,200千円 × 0.55 + 3,240千円 = 12,150千円

ア．総資本営業利益率

$$\frac{営業利益}{総資本額} = \frac{16,200千円 \times (1 - 0.6) - 3,780千円}{12,150千円} = 0.22 \quad \rightarrow \quad 約22\%$$

イ．損益分岐点売上高

$$\frac{固定費}{限界利益率} = \frac{3,780千円}{1 - 0.6} = 9,450千円$$

ウ．安全余裕率

$$\frac{売上高 - 損益分岐点売上高}{売上高} = \frac{16,200千円 - 9,450千円}{16,200千円} = 0.416 \quad \rightarrow \quad 約42\%$$

エ．資本回収売上高

資本回収点　→　資本＝売上高

資本回収点を x とおくと、

$x = 0.55x + 3,240$千円　→　$x = 7,200$千円

オ．資本回転率

$$\frac{売上高}{総資本額} = \frac{16,200千円}{12,150千円} = 1.3 \quad → \quad 約1.3回転$$

61 CVP分析②

《解答》　問1　①　　　問2　④

《解説》

問1

> 目標売上高＝変動費＋固定費＋目標利益
>
> 目標利益＝（変動資本率×目標売上高＋固定的資本）×10%

$$加重平均変動費率 = \frac{598.4万円 + 54.4万円 + 416万円 + 41.6万円 + 288万円 + 24万円 + 360万円 + 40万円}{1,088万円 + 832万円 + 480万円 + 800万円}$$

$$= \frac{1,822.4万円}{3,200万円} = 56.95\%$$

（製品構成比率を同一としたときの変動費率の加重平均値）

目標売上高を x 万円とする。

$$x = 56.95\% \times x + 1,492万円 + \left(\frac{480万円}{3,200万円} \times x + 1,700万円\right) \times 10\%$$

$x = 4,000$万円

問2

1．各製品の限界利益率

A：$(1,088万円 - 598.4万円 - 54.4万円) \div 1,088万円 = 0.4$

B：$(832万円 - 416万円 - 41.6万円) \div 832万円 = 0.45$

C：$(480万円 - 288万円 - 24万円) \div 480万円 = 0.35$

D：$(800万円 - 360万円 - 40万円) \div 800万円 = 0.5$

ボトルネックとなっているのは、売上高なので、限界利益率で販売の順位付けを行う。

2．営業利益が最大となる組合せとその利益

　　D：800万円×2＝1,600万円

　　B：832万円×2＝1,664万円

　　A：1,088万円×2＝2,176万円

　　C：5,440万円−(1,600万円＋1,664万円＋2,176万円)＝0

　　∴　1,600万円×50％＋1,664万円×45％＋2,176万円×40％−1,492万円
　　　　　−D−　　　　　　　−B−　　　　　　　−A−

　　　　＝927.2万円

3．営業利益が最小となる組合せとその利益

　　C：480万円×2＝960万円

　　A：1,088万円×2＝2,176万円

　　B：832万円×2＝1,664万円

　　D：5,440万円−(960万円＋2,176万円＋1,664万円)＝640万円

　　∴　960万円×35％＋2,176万円×40％＋1,664万円×45％＋640万円×50％
　　　　　−C−　　　　　　−A−　　　　　　−B−　　　　　　−D−

　　　　−1,492万円＝783.2万円

4．営業利益の変動の幅

　　927.2万円−783.2万円＝144万円

62 CVP分析③

《解答》 ③

《解説》

1. 損益分岐図表

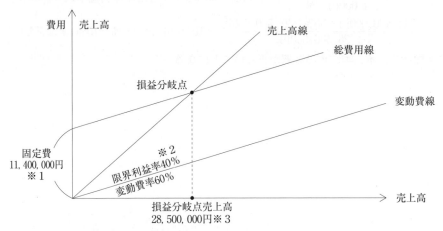

※1　1,000円／h×10,000 h＋1,400,000円
　　　　　固定製造間接費
　　　＝11,400,000円

※2　4,000円／個－(800円／個＋900円／個＋500円／個＋200円／個)＝1,600円／個
　　　　　　　　　　　　　　　　　　　　　　　　　　　　　　　　　　　　　　（限界利益）

　　　1,600円／個÷4,000円／個＝40％

※3　11,400,000円÷40％＝28,500,000円＜30,000,000円（アは誤り）

2. 8,000個のときの安全余裕率

$$\frac{8,000個×4,000円／個－28,500,000円}{8,000個×4,000円／個}×100＝10.9375％＞10％（イは正しい）$$

3. 目標売上高営業利益率10％を達成する売上高

達成売上高における販売数量をx個とする。

4,000円／個×x×10％＝1,600円／個×x－11,400,000円

x＝9,500個

9,500個×4000円／個＝38,000,000円＜40,000,000円（ウは誤り）

4．8,200個のときの遊休時間

  10,000 h − 8,200個×1 h／個＝1,800 h ＞1,000 h （エは正しい）

5．直接材料価格が500円／kgのときの損益分岐点売上高

  （500円／kg − 400円／kg）×2kg／個＝200円／個 （製品1個当りの値上り額）

  $\dfrac{（1,600円／個 − 200円／個）}{4,000円／個}×100＝35\%$ （変化した限界利益率）

  $\dfrac{11,400,000円÷35\% − 28,500,000円}{28,500,000円}×100＝14.28……\% ＞10\%$ （オは正しい）

従って、イ、エ、オの3個が正しいことになる。

第11章
予算管理

解 答 ・ 解 説 編

63 予算差異分析①

《解答》　①

《解説》

(1) 販売価格差異

販売価格差異 ＝ （実際販売価格 － 予算販売価格）× 実際販売数量

= （1,950円／個 － 2,000円／個）× 7,100個

= － 355,000円 （不利差異）

(2) 販売数量差異

販売数量差異 ＝ （実際販売数量 － 予算販売数量）× 予算貢献利益

= （7,100個 － 7,000個）× ｛2,000円／個 － （600円／個

+ 600円／個 ＋ 200円／個 ＋ 50円／個）｝

= 55,000円 （有利差異）

cf.　なお、販売数量差異として、予算販売数量と実際販売数量の差を予算販売価格で評価したものを指す場合もあるが、本問では問題文の指示にしたがって、予算販売量と実際販売量の差を予算貢献利益で評価する。

(3) 変動販売費差異

変動販売費差異 ＝ （予算単位販売費 － 実際単位販売費）× 実際販売数量

= 予算単位販売費 × 実際販売数量 － 実際販売費

= 50円 × 7,100個 － 369,200円

= － 14,200円 （不利差異）

64 予算差異分析②

《解答》 ④

《解説》

1．空欄の算定

(1) 利益差異報告書

① 販売量差異

$31,500,000$千円$-30,000,000$千円$=1,500,000$千円（有利差異）

② 販売部門における差異合計

$1,500,000$千円$-6,300,000$千円$=\triangle4,800,000$千円（不利差異）

③ 製造部門における差異合計

$\triangle900,000$千円$+4,800,000$千円$+500,000$千円$+（\triangle7,000,000$千円）

$=\triangle2,600,000$千円（不利差異）

④ 材料費差異

$\triangle2,600,000$千円$-（\triangle400,000$千円）$-（\triangle600,000$千円）

$-（\triangle1,400,000$千円）$=\triangle200,000$千円（不利差異）

(2) 損益計算書

① 材料費差異　$\triangle200,000$千円（不利差異）

② 調整済貢献利益

$25,200,000$千円$-200,000$千円$-400,000$千円$-600,000$千円

$=24,000,000$千円

2．選択肢の検討

ア．正しい。

当初計画予算貢献利益に比して、変動予算の貢献利益が多いため、販売数量は増大している。

イ．誤っている。

変動予算の売上高に比して、実績の売上高が少ないため、販売単価は下落している。

ウ．正しい。

エ．誤っている。

　　変動製造間接費差異は、年々の製造量をもとに算定されているため、販売
　量の影響を受けない。このため、製造部門において責任を問われるべき差異
　である。

65 予算差異分析③

《解答》　⑥

《解説》

1．前期の1個当たり販売価格と製造原価の算定

　(1)　販売価格：5,000千円÷50千個＝100円／個

　(2)　製造原価：3,900千円÷50千個＝78円／個

2．当期の1個当たり販売価格と製造原価の算定

　(1)　販売価格：5,390千円÷55千個＝98円／個

　(2)　製造原価：4,312千円÷55千個＝78.4円／個

3．各種差異分析

　(1)　販売数量差異・販売価格差異

　(2)　単位原価差異

　　　（78円／個－78.4円／個）×55千個＝－22千円（不利差異）

66 売上品構成差異の計算

《解答》 ②

《解説》

　複数の製品を販売している企業においては、製品の構成の変化によって利益が変化することがある。このような場合に、予算上の限界利益と、実際の限界利益の差異を、製品の構成の変化によって生じた部分（売上品構成差異）とその他の部分（売上数量差異）に区分することがある。

　売上品構成差異及び売上数量差異の算定式は以下のとおりである。

売上品構成差異＝｜実際売上品数量－（実際総売上数量×予定構成比率）｜×予算上の単位限界利益

売上数量差異＝｜（実際総売上数量×予定構成比率）－予定売上品数量｜×予算上の単位限界利益

　よって、本問の解答は次のようにして求める。

実際総売上数量＝33,000個＋44,400個＋25,500個＝102,900個

予定構成比率＝45,000個÷（30,000個＋45,000個＋24,000個）＝0.454545454…

予算上の単位限界利益＝45,000円－33,000円＝12,000円／個

売上品構成差異＝（44,400個－102,900個×0.454545…）×12,000円／個

$$= -28,472,727.2727… \fallingdotseq -28,472,727円$$

《解答》 ④

《解説》（△は不利差異を示す。）

1．製品A

$*1：\dfrac{7,200個÷60\%×50\%=6,000個}{\text{実際市場総需要量}}$

$*2：(@432円－@450円)×7,200個＝-129,600円（不利）$

$*3：(@450円－@270円)×(7,200個-6,000個)＝\mathbf{216,000円}（\mathbf{有利}）\cdots ウ$

$*4：(@450円－@270円)×(6,000個-6,400個)＝-72,000円（不利）$

販売数量差異：$(@450円－@270円)×(7,200個-6,400個)＝\mathbf{144,000円}（\mathbf{有利}）\cdots ア$

変動費差異：$(@270円－@297円)×7,200個＝-194,400円（不利）$

2．製品B

$*：(@1,080円－@459円)×(1,980個-1,600個)＝\mathbf{235,980円}（\mathbf{有利}）\cdots エ$

変動費差異：$(@459円－@405円)×1,584個＝\mathbf{85,536円}（\mathbf{有利}）\cdots イ$

第 12 章
資金管理と キャッシュ・フロー管理
《解答・解説編》

68 資金管理①

《解答》 ③

《解説》

ア．正しい。

　損益計算書で利益が出ていても、キャッシュ・フローが不足している場合を「勘定合って、銭足らず」（勘定のうえでは利益が出ていても、キャッシュ・フローが不足している）と表現することもある。

イ．誤りである。

　買掛金の減少は、仕入高に対して仕入代金の支払額が多くなることを意味し、現金の減少をもたらす。

（参考）資産、負債、資本の増減に伴う資金（現金・キャッシュ・フロー）の増減

資産の増加	キャッシュ・フローの減少	資産の減少	キャッシュ・フローの増加
負債の増加	キャッシュ・フローの増加	負債の減少	キャッシュ・フローの減少
資本の増加		資本の減少	

ウ．誤りである。

　流動負債の返済時点が流動資産の換金時点よりも**先行する**場合には、資金繰りが逼迫していると判断できる。

エ．正しい。

オ．正しい。

69 資金管理②

《解答》 ③

《解説》

1．原料・仕掛品・製品の予算データ

(1)　4月

原料（単位：kg）		仕掛品（単位：個）		製品（単位：個）	
49,000	490,000 ◄	－	49,000	10,000	50,000
486,000	45,000	49,000	－	49,000	9,000

×10kg

(2)　5月

原料（単位：kg）		仕掛品（単位：個）		製品（単位：個）	
45,000	450,000 ◄	－	45,000	9,000	45,000
451,000	46,000	45,000	－	45,000	9,000

×10kg

(3)　6月

原料（単位：kg）		仕掛品（単位：個）		製品（単位：個）	
46,000	460,000 ◄	－	46,000	9,000	45,000
?	?	46,000	－	46,000	10,000

×10kg

(4)　各月の所要在庫量

　　4月末製品所要在庫量：45,000個（翌月製品計画販売量）×20％＝9,000個

　　5月末製品所要在庫量：45,000個（翌月製品計画販売量）×20％＝9,000個

　　6月末製品所要在庫量：50,000個（翌月製品計画販売量）×20％＝10,000個

　　4月末原料所要在庫量：450,000kg（翌月原料計画消費量）×10％＝45,000kg

　　5月末原料所要在庫量：460,000kg（翌月原料計画消費量）×10％＝46,000kg

2．4月の現金勘定（単位：円）

現　　金

期首		原料代金支払*3	
	3,000,000		19,440,000
現金売上*1		掛支払*4	
	70,000,000		19,600,000
掛回収*2		労務費・経費支払*5	
	100,800,000		131,960,000
		月末残高（貸借差額）	
			2,800,000
借方合計	173,800,000	貸方合計	173,800,000

＊1　50,000個×3,500円／個×40％＝70,000,000円

＊2　3月末の売掛金残高

＊3　486,000kg×80円／kg×50％＝19,440,000円

＊4　3月末の買掛金残高

＊5　154,900,000円－22,940,000円＝131,960,000円

3．5月の現金勘定（単位：円）

現　　金

期首		原料代金支払*3	
	2,800,000		18,040,000
現金売上*1		掛支払*4	
	63,000,000		19,440,000
掛回収*2		労務費・経費支払*5	
	105,000,000		130,370,000
		月末残高（貸借差額）	
			2,950,000
借方合計	170,800,000	貸方合計	170,800,000

＊1　45,000個×3,500円/個×40％＝63,000,000円

＊2　4月末の売掛金残高 or 50,000個×3,500円／個×60％＝105,000,000円

＊3　451,000kg×80円／kg×50％＝18,040,000円

＊4　4月末の買掛金残高 or 486,000kg ×80円／kg×50％＝19,440,000円

＊5　155,370,000円－25,000,000円＝130,370,000円

以上より、選択肢③が正解となる。

70 資金管理③

《解答》 ①

《解説》

ア．誤りである。

　　本肢の資金調達方法は、積極的アプローチではなく、満期適合アプローチである。

イ．正しい。

ウ．正しい。

エ．誤りである。

　　資金調達源泉として企業所有者からの出資は、その資金のコストが一般的に借入金をはじめとする他人資本のコストより低いのではなく高い。

オ．正しい。

カ．正しい。

　　以上より、選択肢①が正解となる。

71 資金管理④

《解答》 ②

《解説》

1．売上債権回転期間の算定

　(1) 売上債権勘定の整理（単位：万円）

売上債権

期首	470	1,200	減少（差引）
発生（売上）	1,000	270	期末

　(2) 売上債権回転期間

　　　日数：{(470万円＋270万円)÷2}÷1,200万円×360日＝111日

2．棚卸資産回転期間の算定

(1) 棚卸資産勘定の整理（単位：万円）

棚卸資産

期首	120	*600	減少（売原）
発生（差引）	660	180	期末

＊：1,000万円×60％＝600万円

(2) 棚卸資産回転期間

日数：{(120万円＋180万円)÷2}÷600万円×360日＝90日

3．仕入債務回転期間の算定

(1) 仕入債務勘定の整理（単位：万円）

仕入債務

減少（差引）	720	200	期首
期末	140	660	発生（仕入）

(2) 仕入債務回転期間

日数：{(200万円＋140万円)÷2}÷720万円×360日＝85日

4．キャッシュ・サイクルの算定

90日＋111日－85日＝116日

第13章
原価管理

72 原価企画①

《解答》 ②

《解説》

アに関して：○

イに関して：○

ウに関して：○

　マイルストーンとは一里塚のことである。製品開発においては、仕様通りの特性を発揮できるかどうかを主としてチェックするデザイン・レビュー、コストが目標に向かって低減されているかどうかを審査するコスト・レビューや目標利益の達成が可能かどうかを吟味するビジネス・レビューなどがある。節目節目でプロジェクトの進捗状況を把握し、適切な処置を講じることによって、目標の達成は容易になる。

エに関して：×

　経営環境の多様化が進んでいる今日においては、製品を製造する側の理論から出発するプロダクト・アウト思考ではなく、市場ニーズから出発するマーケット・イン思考が全社的に期待される利益を確保できる製品開発の重要なポイントになっている。

オに関して：○

以上より、選択肢②が正解である。

73 原価企画②

《解答》 ⑤

《解説》

ア．正しい。

イ．正しい。

ウ．誤りである。

　　加算方式は、過去の技術水準によって達成可能な成行原価を基準に目標原価を設定する方法である。控除方式は、許容原価を基準として目標原価を設定する方法である。

エ．正しい。

オ．誤りである。

　　ラグビー方式とは、前工程の活動が終了する前から次工程の活動が始められることである。前工程が終わってそのアウトプットが順に後工程へと引き継がれていく方式はバトンタッチ方式と呼ばれる。

　　以上より、選択肢⑤が正解である。

74 原価企画③

《解答》 ②

《解説》

ア．誤りである。

　　原価引き下げの視点を生産の下流段階ではなく、上流段階に移行するという認識が必要となったのである。

イ．誤りである。

　　新製品の開発・設計を担当するエンジニアが達成可能な原価水準を見積もったものは、見積原価ないしは許容原価ではなく、見積原価ないしは成行原価と呼ばれる。

ウ．正しい。

エ．正しい。

オ．正しい。

カ．誤りである。

　製品の設計・企画段階から部品メーカーが共同参画を行うことは、マーケットインではなく、デザインインと呼ばれる。

キ．正しい。

　以上より、選択肢②が正解である。

75 原価企画④

《解答》　⑤

《解説》

　OH製作所（以下、当社）では、OA機器（製品a）を生産し45,000円／台で販売しているが、来年度より当社の製品と同等の機能を有する輸入製品が37,500円／台で販売される見込みである。そこで当社ではこれに対応すべく現在の製品aに代えて新製品Aを開発販売することが決定された。

　新製品は37,500円／台で1年間に10,000台販売することが予定されており、当社では少なくとも年間5,000万円の営業利益を確保したいと考えている。この場合の（ア：⑩許容原価）は[*1]32,500円／台と分かる。当社では新製品開発のために原価企画チームが編成され、希望する仕様を基に、現状における技術水準から機能を追加した新製品の見積総原価である（イ：⑥成行原価）を算定したところ37,500円／台であることが分かった。そして、検討を重ねた結果、現状では達成可能であるが、相当厳しい値である（ア：⑩許容原価）を目標原価として設定した。当社はまず、ライバル製品である輸入品を購入し、分解し製品の分析を行う（ウ：②テアダウン）や[*2]コスト・テーブルを基に[*3]VEを実施し、部品点数と作業工数を削減し、さらに検査手続きを簡略化できる製品の設計を試みた。以上の結果新製品Aは、部品点数の削減や部品納入業者とともに新たな部品の開発を行う（エ：⑤デザイン・イン）により直接材料費1,750万円、作業工数の削減により直接労務費1,500万円、製造間接費750万円が削減可能となり、完成品の

検査の簡略化により製造間接費900万円が減少する見込みである。したがって
VE実施後の製品A1台当たりの総原価は（オ：⑫*⁴32,600）円／台となる。し
かし、VEを実施してもなお目標原価に達成していない。これについては、目標
原価を達成すべく製造段階における原価低減である（カ：⑪原価改善）を実施し
て原価低減を図っていけば目標原価を達成できることが分かった。

＊1：37,500円／台－（50,000,000円÷10,000台）＝32,500円／台

＊2：コスト・テーブルとは、原価を迅速かつ正確に評価できるように、使用
　　　目的を予定し、様々な特性や要素に対応させて原価を見積もり、それを
　　　図表にまとめたものである。

＊3：価値工学とも言われ、最低の総コストで必要な機能を確実に達成するた
　　　めに、組織的に製品の機能の研究を行う方法である。

＊4：37,500円／台－（17,500,000円＋15,000,000円＋7,500,000円＋9,000,000円）
　　　　　　　　　　　　　　　　　　　　　　÷10,000台＝32,600円／台

76 原価企画⑤

《解答》　③

《解説》

1．機能原価分析表の作成

製品特性	構成部品					計
	A	B	C	D	E	
重さ・大きさ	*17.5%		5％	2.5%		25%
使用時の安定感		20%			5％	25%
持ち運びやすさ		12%		8％		20%
機能性		4％	8％		8％	20%
デザイン	1％		6％		3％	10%
製品特性への貢献度	18.5%	36%	19%	10.5%	16%	100%

＊：25%×70%＝17.5%

2．目標製造原価と成行製造原価の比較表

構成部品	目標製造原価		成行製造原価	
	金額	[*3]構成比率	金額	[*4]構成比率
A	[*2]2,664円	18.50%	3,225円	19.55%
B	5,184円	36.00%	6,330円	38.36%
C	2,736円	19.00%	2,550円	15.45%
D	1,512円	10.50%	1,500円	9.09%
E	2,304円	16.00%	2,895円	17.55%
合計	[*1]14,400円	100.00%	16,500円	100.00%

＊1：45,000円×（1－20%）×40%＝14,400円

　なお，問題文中の（＊）には2,100円（16,500円－14,400円）が入る。

＊2：14,400円×18.5%＝2,664円

＊3：上記1．表中より

＊3・＊4：小数点以下第2位まで表示している。

　上記2．より，原価削減額の最も大きい構成部品はBであり1,146円（6,330円－5,175円）である。

第14章

活動基準原価計算・活動基準原価管理

解答・解説編

77 ＡＢＣに関する計算問題①

《解答》 ③

《解説》

1．伝統的製品原価計算による計算

(1) 当月の直接作業時間

   5,000単位×1.2時間／単位＋1,000単位×2時間／単位＝8,000時間

(2) 製造間接費配賦率の算定

   9,680,000円÷8,000時間＝1,210円／時間

(3) 製品2の単位当たり製造間接費の計算

   1,210円／時間×2時間／単位＝2,420円／単位

2．活動基準原価計算による計算

(1) 原価作用因の計算

	製品1	製品2	合　計
機械作業時間	10,000時間	*1 3,000時間	13,000時間
倉庫出庫回数	100回	*2 100回	200回
品質検査回数	250回	200回	450回
設計・指図書作成時間	月30時間	月50時間	月80時間

＊1：3時間／単位×1,000単位＝3,000時間

＊2：1,000単位÷10単位／回＝100回

(2) 活動原価の按分

	製品1	製品2
機械作業活動	*1 2,200,000円	660,000円
倉庫出庫作業	1,210,000円	1,210,000円
品質検査活動	2,000,000円	*2 1,600,000円
設計活動	300,000円	500,000円
合計	5,710,000円	3,970,000円

* 1：2,860,000円÷13,000時間×10,000時間＝2,200,000円

* 2：3,600,000円÷450回×200回＝1,600,000円

(3) 製品2の単位当たり製造間接費の計算

3,970,000円÷1,000単位＝3,970円／単位

3．製品2の単位当たり利益の減少額の算定（製造間接費の増加額が利益の減少額となるため）

3,970円／単位－2,420円／単位＝1,550円／単位

78 ＡＢＣに関する計算問題②

《解答》 ④

《解説》

1．伝統的原価計算

(1) 製品生産量の算定

甲製品：500個／ロット×10ロット＝5,000個

乙製品：20個／ロット×8ロット＝160個

(2) 機械稼働時間の算定

甲製品：2時間／個×5,000個＝10,000時間

乙製品：2時間／個×160個＝320時間

(3) 製造間接費配賦率の算定

$$(5,160千円 + 3,960千円 + 2,078千円 + 3,250千円)$$
$$\div (10,000時間 + 320時間) = 1.4千円／時間$$

(4) 乙製品の製造間接費単位負担額の算定

$$1.4千円 \times 320時間 \div 160個 = 2,800円／個$$

2. 活動基準原価計算

(1) コスト・ドライバー別チャージレートの算定

機械関連費：$5,160千円 \div (10,000時間 + 320時間) = 0.5千円／時間$

段　取　費：$3,960千円 \div (10ロット + 8ロット) = 220千円／ロット$

購　買　費：$2,078千円 \div (3回 + 12回) = 138.53千円／回$

修繕維持費：$3,250千円 \div (5回 + 8回) = 250千円／回$

(2) 乙製品の製造間接費単位負担額の算定

$$(0.5千円／時間 \times 320時間 + 220千円／ロット \times 8ロット$$
$$+ 138.53千円／回 \times 12回 + 250千円／回 \times 8回) \div 160個 = 34,890円$$

以上より、選択肢④が正解である。

79 ＡＢＣに関する理論問題

《解答》　②

《解説》

ア．妥当でない。

　　ＡＢＣでは、原価の発生と活動の遂行との因果関係を示す資源ドライバーに基づき原価を集計し、製品の産出と活動の遂行との因果関係を示す活動ドライバーによって、集計した原価を製品に配賦している。ここで、直接作業時間や機械稼働時間が活動ドライバーとして製品の産出と活動の遂行との因果関係を適切に示すのであれば、直接作業時間や機械稼働時間も原価作用因となることになる。

イ．妥当である。

　　資源のコストは、例えば直接材料費、間接材料費、給料、福利厚生費、超過

勤務手当等の会計情報システムにおいて把握される支出やコストである。資源ドライバーは、資源のコストを、材料の購入や新製品の導入といった活動に結びつける役割を担っている。資源のコストが資源ドライバーによって活動に跡付けられたものが活動のコストである。例えば、材料の購入という活動に対しては材料の購入回数という活動ドライバーが、新製品の導入という活動に対しては導入された新製品の数という活動ドライバーが用いられる。

ウ．妥当である。

　　ABC では活動ごとに原価を集計する。原価管理は費目別に行うことではなく、本来、特定の活動に焦点を絞って合理性を追及すべき行動であるはずである。ABC は、その理にかなっている。

エ．妥当でない。

　　ABC は活動を基準とした間接費配賦計算を行うため、伝統的配賦法に比べて、算定される製品原価が精緻化される。その結果、製品の正確な収益性が判明し、その分析に資するとともに、価格決定に際しても有効な資料を提供し得る。さらに、製品の正確な収益性が判明することから、既存事業の取捨選択に資する有効な資料の入手が可能となる。

オ．妥当である。

　　ABC では、資源ドライバーに基づいて活動に原価を集計し、活動ドライバーに基づき活動が発生させた原価を製品に配賦している。そのため、間接費についても、直接費と同じように、その発生をできるだけ製品の産出に関連づけて認識し、製品に配分しているのである。

80 ABC・ABM

《解答》　②

《解説》

ア．誤っている。

　　ABC は、間接費の配賦システムとして、原価割当の視点を重視するのに対して、ABM は、プロセスの視点を重視する。

しかし、ABMで焦点の当てられている「価値」とは、顧客価値であり、本問の「企業が生産的活動を通じて創出した新しい価値（付加価値）」は財務情報分析の生産性分析で取り扱われる概念である。

イ．正しい。

　活動分析を行い、価値付加的活動と価値非付加的活動に分類し、活動が効率的に行われているかどうか測定するとともに、業務コスト・ドライバーが何であるか分析することになる。

　なお、活動が効率的に行われているかどうかは、何らかの尺度を用いて活動を測定することになる。この尺度に基づき業績を測定する。

　また、価値非付加的活動の存在は、業務コスト・ドライバーが存在することを指し、なぜ業務コスト・ドライバーが存在するのかを明らかにしなければ、有効なプロセス・マネジメントを行うことはできない。

ウ．誤っている。

　ABMは、ABCを行っていなくても実施可能である。

　また、活動分析の「活動」は、ABCを行っている場合のコスト・プールと必ずしも一致する必要はなく、結合・分割してもよい。

エ．正しい。

　活動分析は、ABMの中核をなすものであり、ABMの目的を達成するためには最終的に価値付加的活動の効率化と、価値非付加的活動の削除を含めた業務プロセス全体の改善が行われる。

第15章
差額原価収益分析

81 特殊原価概念

《解答》 ②

《解説》

1. について

   a. 誤り

     「～増加する原価～」→減少する原価であっても差額原価である。

   b. 正しい

   c. 誤り

     「～変動費から生ずる～」→代替案間で差異をもたらせば、固定費も差額原価である。

   d. 誤り

     「～埋没原価が挙げられる。」→埋没原価は、差額原価の反対概念である。

2. について

   a. 誤り

     「～現金支出の一部を伴う～」→現金支出原価は、機会原価の反対概念である。

   b. 正しい

     広義の機会原価概念

   c. 正しい

     狭義の機会原価概念

d．誤り

　　付加原価の意義である。

3．について

　a．誤り

　　延期可能原価の意義

　b．c．正しい

　d．誤り

　　「取替原価」→未来原価ではなく、現在原価である。

82 部品の自製か購入かの意思決定

《解答》　①

《解説》

1．購入の場合の考慮事項

　　自社所有の倉庫の減価償却費としての倉庫費がかかり、部品A1個当たり10円が予定配賦されるが、すでに所有している倉庫の減価償却費であるため、埋没原価となる。

2．X社で製造する場合の考慮事項

　　人件費は、現在他の業務に従事しており、同額発生する（実際発生額に変化はない）ため、埋没原価となる。また、専用機械についても、以前から所有している機械であり、その減価償却費は埋没原価となる。

3．両案の比較

	購入	X社で製造
購入額	@4,200円×4,000個＝ 16,800,000円	－
材料費	－	@3,000円×4,000個＝ 12,000,000円
操業費	－	3,000,000円
運送費	500,000円	－
合　計	17,300,000円	15,000,000円

4．結論

　　部品Aを4,000個X社で製造した場合は、購入した場合に比べて（ア：

2,300,000）円だけ（イ：有利）となるため、（ウ：X社で製造）する案を選択
_{17,300,000円－15,000,000円}

すべきである。なお、X社で製造する場合の部品Aの製造原価のうち、（※：

8,000,000）円は（エ：埋没原価）なので、意思決定上考慮する必要はない。
_{5,000,000円（人件費）＋3,000,000円（機械の減価償却費）}

83 追加加工の意思決定①

《解答》　②

《解説》

1．1時間あたり変動加工費

　　1,200円／個÷3時間／個＝400円／時

2．製品A₂の生産可能量

（1）　当社の生産能力

　　　3時間／個×2,000個＝6,000時間

（2）　製品A₂の生産可能量

　　　6,000時間÷（3時間／個＋1時間／個）＝1,500個

3. 差額原価収益分析（単位：円）

	現状維持案	代替案
差 額 収 益	[*1] 5,000,000	[*4] 5,250,000
差 額 原 価		
直接材料費	[*2] 1,200,000	[*5] 900,000
変動加工費	[*3] 2,400,000	[*6] 2,400,000
差 額 利 益	1,400,000	1,950,000

* 1 ：2,500円／個×2,000個＝5,000,000円

* 2 ：600円／個×2,000個＝1,200,000円

* 3 ：1,200円／個×2,000個＝2,400,000円

* 4 ：3,500円／個×1,500個＝5,250,000円

* 5 ：600円／個×1,500個＝900,000円

* 6 ：400円／時×（3時間／個＋1時間／個）×1,500個＝2,400,000円

これによると、代替案のほうが550,000円（＝1,950,000円－1,400,000円）有利である。

84 追加加工の意思決定②

《解答》　⑤

《解説》

1．差額原価収益分析（単位：円）＜追加加工の意思決定＞

	連産品Aか、製品Aか		連産品Bか、製品Bか	
	連産品A	製品A	連産品B	製品B
差額収益	1,350,000	1,500,000	800,000	1,200,000
差額原価	－	225,000	－	100,000
差額利益	1,350,000	1,275,000	800,000	1,100,000

なお、連産品AおよびBの製造原価である結合原価は、連産品を追加加工するしないに関係なく発生するものであり、意思決定に関係しない原価（埋没原価）である。

連産品Aか、製品Aかについては、追加加工をせず、連産品Aのまま販売する方が、75,000円（＝1,350,000円－1,275,000円）有利である。

連産品Bか、製品Bかについては、追加加工をし、製品Bとして販売する方が、300,000円（＝1,100,000円－800,000円）有利である。

2．連産品A、製品Bとして販売する時の利益

＜方法①＞

連産品AおよびBとして販売する場合の利益（〔資料〕2．の利益）に、製品Bに加工することで生じる差額利益300,000円を加算すればよい。

したがって、708,750円＋420,000円＋300,000円＝1,428,750円となる。

＜方法②＞

製品AおよびBとして販売する場合の利益（〔資料〕1．の利益）に、製品Aに加工しないことで生じる差額利益75,000円を加算すればよい。

したがって、726,750円＋627,000円＋75,000円＝1,428,750円となる。

以上より、選択肢⑤が正解である。

85 受注可否の意思決定

《解答》　④

《解説》

第1案

9,000円／個×48,000個－（4,000円／個＋1,000円／個）×48,000個

－（75,000,000円＋49,800,000円）＝67,200,000円

第2案

10,000円／個×40,000個－（4,000円／個＋1,000円／個）×40,000個

＋7,000円／個×8,000個－（4,200円／個＋300円／個）×8,000個

－（75,000,000円＋49,800,000円＋1,200,000円）＝94,000,000円

∴　94,000,000－67,200,000円＝26,800,000円

第2案の方が有利である。

86 プロダクトミックス

《解答》 ④

《解説》

1．各製品単位当たりの限界利益

	製 品 X	製 品 Y
販 売 価 格	600,000円	1,000,000円
直 接 材 料 費	120,000円	200,000円
直 接 労 務 費	110,000円	220,000円
*変動製造間接費	125,000円	400,000円
限 界 利 益	245,000円	180,000円

＊：変動製造間接費率は、600,000円÷1,200時間＝500円／時間

よって、製品Xには500円／時間×250時間＝125,000円

製品Yには500円／時間×800時間＝400,000円　となる。

2．各製品の共通制約条件単位あたりの限界利益（単位：円／時）

	製 品 X		製 品 Y
直 接 作 業 時 間	2,450円	＞	*1 900円
機 械 時 間	980円	＞	*2 225円

＊1：180,000円／個÷200時間／個＝900円／時間

＊2：180,000円／個÷800時間／個＝225円／時間

これによると、どの制約条件においても製品Xの単位限界利益が最大となる。したがって、製品Xの生産販売を優先すればよいことになる。

ただし、製品Xの生産は56単位までに抑えるよう要求されていることから、製品Xの56単位の生産をまず行い、その後残りの制約のもとで製品Yを生産することとなる。

3．製品Yの生産数量

製品Xを56単位生産すると、製品Yのために

直接作業時間は、2,400時間（＝8,000時間－100時間／単位×56単位）

機械時間は、12,000時間（＝26,000時間－250時間／単位×56単位）の稼動が可能となる。

よって、製品Yの生産は、

直接作業時間という制約のもとで、12単位（＝2,400時間÷200時間／単位）、

機械時間という制約のもとで、15単位（＝12,000時間÷800時間／単位）　となり、12単位の生産が可能である。

4．営業利益の算定

以上から、最適プロダクト・ミックスは、製品X56単位、製品Y12単位となり、営業利益は、245,000円／単位×56単位＋180,000円／単位×12単位－840,000円＝15,040,000円

以上より、選択肢④が正解である。

87 経済的発注量の算定

《解答》　①

《解説》

1．発注コスト

一回当たり発注量をQと置く。

6,000円×12,000÷Q

2．保管コスト

400円×Q÷2

3．経済的発注量の算定

6,000円×12,000÷Q＝400円×Q÷2

Q＝600（ロット）

4．経済的発注量のもとでの在庫関連費用の算定

6,000円×12,000÷600＋400円×600÷2＝240,000円

5．経済的発注量－100ロットのもとでの在庫関連費用の算定

6,000円×12,000÷500＋400円×500÷2＝244,000円

6．年間のコストアップ額

　　244,000円 － 240,000円 ＝ 4,000円

第 16 章

投資計画の経済性計算

解 答 ・ 解 説 編

88 加重平均資本コストの計算と設備投資案の評価

《解答》 ④

《解説》

1．加重平均資本コスト

資金調達源泉	調達資金量	構成比率		税引後資本コスト		
長 期 借 入 金	200百万円	0.2	×	※1.8%	=	0.36%
普 通 株	700百万円	0.7	×	8 ％	=	5.6 ％
留 保 利 益	100百万円	0.1	×	6.5%	=	0.65%
合 計	1,000百万円	1.0				6.61%

　　※　3 ％×（1−0.4）＝1.8%

　　当社の採用する割引率：6.61％＋1.4％＝8.01％　→　8 ％

cf.1　なぜ加重平均資本コストが通常使用されるのか。

　　　通常の戦略的意思決定の問題では、加重平均資本コストが使用される。その理由としては(1)プロジェクト別資本コストの測定が困難なことおよび(2)最適資本構成が存在するので、負債または自己資本のみで資本調達することはできないこと等が上げられる。

cf.2　他人資本（負債）の税引後資本コスト算定について

　　　他人資本の税引後資本コスト算定において、税引後資本コストに（1−法人税率）を乗じている。これは、他人資本の資本コスト（支払利息や社債利息）は、税法上損金に算入できるため、税引前資本コストに税率を乗

じた額だけ企業のコスト負担を軽減するからである。

　例えば、長期借入金の税引前資本コスト（借入金利）は3％であるから、当年度の支払利息は6百万円(＝200百万円×0.03)である。しかし、これは損金算入され、この分だけ当社の課税所得が減少する。つまり2.4百万円（＝6百万円×0.4）だけ税金の支払が軽減されるのである。したがって、当社が実際に負担するコストは、3.6百万円｛＝6百万円×(1−0.4)｝となる。

2．キャッシュ・フロー表

（単位：百万円）

項　　目	1年後	2年後	3年後
収　　益	[※1] 225	195	150
費　　用			
変動現金支出原価	105	[※2] 91	70
固定現金支出原価	30	30	30
減価償却費	[※3] 45	45	45
固定資産売却損	−	−	[※4] 35
税引前純利益	45	29	△30
法人税（40％）	18	11.6	△12
税引後純利益	27	17.4	△18
加　　算			
非現金支出費用			
減価償却費	45	45	45
固定資産売却損	−	−	35
売却収入	−	−	30
年次現金流入額	72	62.4	92

※1　1,500円／個×15万個＝225百万円

※2　　700円／個×13万個＝　91百万円

※3　200百万円×0.9÷4年＝45百万円

※4　30百万円＋45百万円×3年－200百万円＝－35百万円

3．正味現在価値

　　72百万円×0.9259＋62.4百万円×0.8573＋92百万円×0.7938－200百万円

　＝－6.81008百万円　→　－6,810千円

<h1>89　設備投資の評価方法の比較</h1>

《解答》　②

《解説》

　本問は、各種のプロジェクトの評価方法の特徴等をまとめた表による出題である。特に長所と短所は比較的出題の可能性が高いと考えられるため、しっかり押さえてもらいたい。

　本問の表の空欄をすべてうめると以下のとおりになる。

評価方法	意　義	長　所	短　所	経済性の判断指標
回収期間法	当初の投資額を回収するのに要する期間を計算し、回収期間の短いものをもって有利とする評価方法	計算が簡単であり投資の安全性が判断できる	回収期間収益性が不明である時価価値が考慮されていない	安全性－回収スピードで判断する
内部利益率法	各プロジェクトの内部利益率を計算し、この利益率によって各プロジェクトの評価を行おうとする方法	プロジェクトの独自の収益性が判明する。時間価値を考慮している	相互排他的な投資案の順位付けに問題が生ずる。他の投資機会を考慮していない。プロジェクトの規模が不明である	収益性－利益率で判断する
正味現在価値法	資本コストをもとに年々の増分現金流入額の現在価値を計算し、これを投資額と比較し、差額の正味現在価値が正で最大のプロジェクトを採用する計算方法	プロジェクトの規模が判明する。時間価値を考慮している。他の投資機会を考慮している	資金効率が不明である	収益性－利益額で判断する

	投資額の現在価値を分母とし、年々の増分現金流入額の現在価値を分子として比率を求め、100％以上で最高のプロジェクトを採用する計算方法	資金効率が判明する。時間価値を考慮している。他の投資機会を考慮している	プロジェクトの規模が不明である	収益性－資金効率で判断する
現在価値指数法				

ア．について

  a→回収期間法 b→内部利益率法 c→原価比較法 d→投資利益率法

イ．について

  a→現在価値指数法 b→正味現在価値法 c→投資利益率法 d→内部利益率法

ウ．について

  a→回収期間法 b→原価比較法 c→正味現在価値法 d→投資利益率法

エ．について

  a→原価比較法 b→正味現在価値法 c→現在価値指数法 d→内部利益率法

                                                投資利益率法

90 設備投資の経済性計算①

《解答》 ③

《解説》

1．収益性指数法

(1) X設備導入案

    (260百万円×0.9009＋260百万円×0.8116＋260百万円×0.7312)÷600百万円＝105.893…％ → 105.89％

(2) Y設備導入案

    (440百万円×0.9009＋390百万円×0.8116＋330百万円×0.7312)÷900百万円＝106.024％ → 106.02％

(3) 結論

Y設備導入案の方が、0.13ポイント（＝106.02％－105.89％）有利である。

２．回収期間法

(1) X設備導入案

	年回収額	累計額
1年度	260百万円	260百万円
2年度	260百万円	520百万円
3年度	260百万円	780百万円

2年＋（3年－2年）×（600百万円－520百万円）÷260百万円

＝2.307…年　→　2.31年

(2) Y設備導入案

	年回収額	累計額
1年度	440百万円	440百万円
2年度	390百万円	830百万円
3年度	330百万円	1,160百万円

2年＋（3年－2年）×（900百万円－830百万円）÷330百万円

＝2.212…年　→　2.21年

(3) 結論

Y設備導入案の方が、0.10年（＝2.31年－2.21年）有利である。

３．投資利益率法

なお、（税引後キャッシュ・フロー）＝（税引後利益）＋（減価償却費）という関係から

（税引後利益）＝（税引後キャッシュ・フロー）－（減価償却費）である。

(1) X設備導入案

① 平均の税引後利益

｛（260百万円－*200百万円）＋（260百万円－200百万円）＋（260百万円－200百万円）｝÷3年＝60百万円

＊：減価償却費　600百万円÷3年＝200百万円

② 投資利益率

60百万円 ÷ 600百万円 ＝ 10％

(2)　Y設備導入案

① 平均の税引後利益

$\{(440百万円 - ^*300百万円) + (390百万円 - 300百万円) + (330百万円 -$

$300百万円)\} \div 3$ 年 ＝ 86.66…百万円

＊：減価償却費　900百万円 ÷ 3 年 ＝ 300百万円

② 投資利益率

86.66…百万円 ÷ 900百万円 ＝ 9.629…％　→　9.63％

(3)　結論

X設備導入案の方が、0.37ポイント（＝ 10％ － 9.63％）有利である。

91 設備投資の経済性計算②

《解答》　②

《解説》

1．A案の正味現在価値

(1)　A案の年々の税引後正味現金流入額（単位：百万円）

	処分価値		500
	^{*1}減価償却費のタックス・シールド	120	120
In	^{*2}現金収入・現金支出の差額（☆）	850	850
Out	^{*3}☆に対する法人税等	340	340
	^{*4}売却益に係る税増加額		40
	取得原価	1,000	
Net		△1,000　630	1,090

＊1：1,000百万円 ×（1 － 10％）÷ 3 年 ＝ 300百万円

300百万円 × 40％ ＝ 120百万円

＊2：550百万円 ＋ 300百万円 ＝ 850百万円

＊3：850百万円 × 40％ ＝ 340百万円

＊4：1,000百万円 － 300百万円 × 2 年 ＝ 400百万円（売却時の簿価）

$$（500百万円（売却価額）－400百万円）×40\% ＝40百万円$$

(2) 正味現在価値

$$△1,000百万円＋630百万円×0.9346＋1,090百万円×0.8734＝540.804百万円$$

2．B案の正味現在価値

(1) B案の年々の税引後正味現金流入額（単位：百万円）

*4 売却損に係る税節約額				28
処分価値				700
*1 減価償却費のタックス・シールド			126	126
In *2 現金収入・現金支出の差額（☆）			930	930
Out *3 ☆に対する法人税等			372	372
取得原価		1,400		
Net		△1,400	684	1,412

＊1：1,400百万円×（1－10%）÷4年＝315百万円

315百万円×40%＝126百万円

＊2：615百万円＋315百万円＝930百万円

＊3：930百万円×40%＝372百万円

＊4：1,400百万円－315百万円×2年＝770百万円（売却時の簿価）

（700百万円（売却価額）－770百万円）×40%＝△28百万円

(2) 正味現在価値

$$△1,400百万円＋684百万円×0.9346＋1,412百万円×0.8734＝472.5072百万円$$

3．A案とB案の比較

540.804百万円（A案）＞472.5072百万円（B案）

∴A案の方が68.2968百万円有利

92 設備投資の経済性計算③

《解答》 ④

《解説》

第16章　投資計画の経済性計算 ┃275

1. 旧機械使用案を新機械導入案の機会原価とした場合の年々の正味現金流出入
額 （単位：千円）

現時点	1年度	2年度	3年度	4年度
*¹16,000				*⁶6,000
*²4,800				*⁷7,520
	*⁴1,920	1,920	1,920	1,920
	*⁵12,000	12,000	12,000	12,000
*³72,000				
−51,200	13,920	13,920	13,920	27,440

＊1：旧機械の処分価額

＊2：旧機械の売却損益にかかる税効果

^{①}12,000千円×0.4＝4,800千円

①：売却損益

16,000千円－^{②}28,000千円＝−12,000千円（売却損）

②：現時点での簿価

40,000千円－{40,000千円×（1−0.1）÷6年×2年}

＝28,000千円

＊3：新機械の取得原価

＊4：減価償却費にかかる税効果

（^{①}10,800千円－^{②}6,000千円）×0.4＝1,920千円

①：新機械の減価償却費

72,000千円×（1−0.1）÷6年＝10,800千円

②：旧機械の減価償却費

40,000千円×（1−0.1）÷6年＝6,000千円

＊5：操業費の税引後節約額

20,000千円×（1−0.4）＝12,000千円

＊6：機械の処分価額

10,000千円（新機械）−4,000千円（旧機械）＝6,000千円

＊7：機械の売却損益にかかる税効果

（①18,800千円－②0千円）×0.4＝7,520千円

①：新機械の売却損益

10,000千円－（72,000千円－10,800千円×4年）

＝－18,800千円（売却損）

②：旧機械の売却損益

4,000千円（処分価額）－4,000千円（残存価額）＝0千円

2．正味現在価値法による評価

－51,200千円＋13,920千円×2.5770＋27,440千円×0.7350＝4,840.24千円

したがって、新機械を購入するほうが、4,840.24千円有利である。

93 設備投資の経済性計算④

《解答》 ②

《解説》

1．A設備の生産上限

600,000時間／年÷40時間／個＝15,000個／年

2．毎年の正味キャッシュ・フロー（CF）の算定（単位：円）

	現時点	1年目	2年目	3年目
売上収入		2,850,000	*1 2,850,000	2,850,000
変動費支出		－1,050,000	－1,050,000	*2 －1,050,000
固定費支出		－1,000,000	－1,000,000	－1,000,000
取得原価	－1,911,000			
正味CF	－1,911,000	800,000	800,000	800,000

＊1：190円／個×15,000個＝2,850,000円

＊2：70円／個×15,000個＝1,050,000円

※ ① 生産能力を需要量が下回っている点、② 税率が書かれていない点に
留意すること。

3．内部利益率の算定

$12\% : 800,000円 \times (0.8929 + 0.7972 + 0.7118) = 1,921,520円$

$13\% : 800,000円 \times (0.8850 + 0.7831 + 0.6931) = 1,888,960円$

$12\% + (1,921,520円 - 1,911,000円) \div (1,921,520円 - 1,888,960円)\%$

$= 12.3230\cdots\% \rightarrow 12.32\%$

以上より、選択肢②が正解である。

第17章 分権組織とグループ経営の管理会計

解答・解説編

94 分権組織とグループ経営の管理会計①

《解答》 ②

《解説》

ア．誤っている。

事業部長の業績評価を管理可能性原則と最も整合する使用資本利益率を用いて行うと、分子には管理可能営業利益を用い、分母には管理可能使用資本を用いるべきである。したがって、

A事業部：150百万円÷100百万円×100＝150％

B事業部：550百万円÷300百万円×100＝183.3％

イ．正しい。

事業部長の業績評価を管理可能性原則と最も整合する残余利益を用いて行うと、管理可能営業利益から管理可能使用資本に基づく資本コストを差し引くべきである。

A事業部：150百万円－100百万円×10％＝140百万円

B事業部：550百万円－300百万円×10％＝520百万円

ウ．誤っている。

事業部自体の業績評価を両事業部が納得するであろう利益を使用して使用資本利益率を計算すると、分子には事業部営業利益を用い、分母には事業部使用資本を用いるべきである。

A事業部：100百万円÷150百万円×100＝66.6％

B事業部：300百万円÷600百万円×100＝50％

したがって、A事業部がB事業部を16.6ポイント（＝66.6％−50％）上回る。
エ．正しい。

95 内部振替価格

《解答》 ⑤

《解説》

1．製品Bの外部販売価格の算定（販売価格をbと置く）

全部標準原価基準の場合の各事業部の事業部別損益計算書の作成（単位：円）

	A事業部	B事業部
外 部 売 上 高	—	50,000 b
内 部 売 上 高	*1 500,000,000	—
内 部 仕 入 高	—	500,000,000
変 動 費	*2 300,000,000	*4 150,000,000
固 定 費	*3 200,000,000	*5 150,000,000
営 業 利 益		*6 130,000,000

＊1：(6,000円／個＋4,000円／個)×50,000個＝500,000,000円

＊2：6,000円／個×50,000個＝300,000,000円

＊3：4,000円／個×50,000個＝200,000,000円

＊4：3,000円／個×50,000個＝150,000,000円

＊5：3,000円／個×50,000個＝150,000,000円

＊6：問題文より

上記事業部別損益計算書より

50,000 b −(500,000,000円＋150,000,000円＋150,000,000円)＝130,000,000円

これを解くとb＝18,600（円／個）

2．両事業部を基準営業量で操業させた場合の月間の会社全体の差額利益の算定

(18,600円／個−6,000円／個−3,000円／個)×50,000個＝480,000,000円

→480,000千円

3．限界原価基準による交渉価格の算定

(1)　A事業部の差額利益

480,000千円÷（6,000円／個＋3,000円／個）×6,000円／個＝320,000千円

(2)　B事業部の差額利益

480,000千円÷（6,000円／個＋3,000円／個）×3,000円／個＝160,000千円

(3)　限界原価基準による交渉価格の算定

6,000円／個＋320,000千円÷50,000個＝12,400円／個

4．各事業部が事業部営業利益を最大にする場合に選択する振替価格

(1)　A事業部の事業部営業利益を最大にするためには、振替価格を最大にする必要がある。市価基準による振替価格が3つの基準のうち最大となる。

(2)　B事業部の事業部営業利益を最大にするためには、振替価格を最小にする必要がある。全部原価基準が3つの基準のうち最小となる。

（参考）

1．限界原価基準による交渉価格を振替価格とした場合の事業部別損益計算書

	A事業部	B事業部
外 部 売 上 高	—	930,000,000
内 部 売 上 高	*620,000,000	—
内 部 仕 入 高	—	620,000,000
変 　 動 　 費	300,000,000	150,000,000
固 　 定 　 費	200,000,000	150,000,000
営 業 利 益	120,000,000	10,000,000

＊：12,400円／個×50,000個＝620,000,000円

2．市価基準を振替価格とした場合の事業部別損益計算書

	A事業部	B事業部
外 部 売 上 高	—	930,000,000
内 部 売 上 高	*700,000,000	—
内 部 仕 入 高	—	700,000,000
変 　 動 　 費	300,000,000	150,000,000
固 　 定 　 費	200,000,000	150,000,000
営 業 利 益	200,000,000	− 70,000,000

＊：14,000円／個×50,000個＝700,000,000円

96 企業価値①

《解答》 ③

《解説》

1．本社費配賦額の算定

（1） A事業部の総資産額

6,000千円＋4,000千円＋18,000千円＋4,000千円＋8,000千円＝40,000千円

（2） A事業部への本社費配賦額

15,000千円÷（40,000千円＋200,000千円）×40,000千円＝2,500千円

2．経済付加価値の算定

（1） 事業部使用資本の算定

40,000千円－4,000千円＝36,000千円

（2） 経済付加価値の算定

（12,000千円－2,500千円）×（1－40％）－36,000千円×7％＝3,180千円

97 企業価値②

《解答》 ①

《解説》

1．FCF の割引現在価値の算定

（単位：百万円）	1 年度	2 年度	3 年度
営業利益	500	550	600
法人税等（税率：40％）	*1 200	220	240
税引後営業利益	300	330	360
減価償却費	250	300	320
グロスキャッシュフロー	*2 550	630	680
運転資本増減*3	－20	10	10
設備投資額*3	－500	－400	－300
FCF	30	240	390
現価係数（9％）	0.917	0.842	0.772
FCF の割引現在価値	27.51	202.08	301.08

＊1：500百万円×0.4＝200百万円

＊2：税引後営業利益300百万円＋減価償却費250百万円＝550百万円

＊3：キャッシュ・アウト・フローにマイナスを付している。

2．株主価値の算定（単位：百万円）

FCF の割引現在価値	*1 530.67
継続価値（割引後）	*2 3,763.5
遊休不動産	200
企業価値	*3 4,494.17
負債価値	1,200
株主価値	3,294.17

＊1：27.51百万円＋202.08百万円＋301.08百万円＝530.67百万円

＊2：4,875百万円×0.772＝3,763.5百万円

＊3：530.67百万円＋3,763.5百万円＋200百万円＝4,494.17百万円

98 分権組織とグループ経営の管理会計②

《解答》　①

《解説》

ア．誤りである。

　　事業部間における内部振替価格として市価基準による振替価格を用いるのが適切な場合とは、振替品に外部市場が存在し、供給事業部に遊休生産能力が**ない**（＝**完全操業の状態にある**）場合である。

イ．正しい。

ウ．誤りである。

　　事業部長の業績評価を行う際には、**投資利益率**を用いれば全社的に望ましい意思決定との整合性が保てなくなるおそれがあるため、**残余利益**によるべきである。

エ．正しい。

オ．正しい。

カ．正しい。

キ．誤りである。

　　各カンパニーは、投資、人事の決定権限は有するが、外部からの資金調達の権限は通常有しない。

　　以上より、選択肢①が正解となる。

第18章

その他の論点

解答・解説編

99 バランスト・スコアカード

《解答》　④

《解説》

ア．正しい。

イ．誤りである。

　　多様な目標管理制度が存在するが、制度の設計や運用の失敗による事例は少なくない。（例えば、予算管理と目標管理との連動性を高めたために、予算管理に連動する短期思考的な目標が重視されすぎ、長期的な視点で取り組まなければならない業務目標は軽視された例や、逆に、従業員個人のモチベーションの向上に重点を置くあまり、組織目標との連動性を軽視した目標管理の運用を行った例が見られる。）この点について、BSC を比較的高いレベルの部門管理者に適用し、下位の階層の管理者や、一般従業員には目標管理を適用するというように、BSC と目標管理とを使い分けて利用することによって、近年目立つようになってきた目標管理の欠点を補おうという使い方が増えている。

ウ．誤りである。

　　施策や戦略目的との因果関係が明確で、施策の実行によって戦略目的がどの程度実現したのかを数値で示すことができる評価尺度を「成果評価」あるいは「遅行指標」と呼ぶ。これに対して、戦略目的と明確な因果関係を持つ KPI を見つけることができない場合があり、その場合には施策の実行の程度を測定する指標が KPI に選ばれることがある。

　　このような指標は「先行指標」と呼ばれる。

エ．正しい。

　予算は大規模組織を運営する上で不可欠の技法である。しかしながら、現代の環境のもとでは多くの企業における問題として、戦略についての議論が不足していること、戦略と予算編成とをリンクさせていないこと等が指摘されている。そこでBSCと予算のプロセスを統合することが望ましいと主張する。BSCによって、戦略の仮説が明示される。BSCのフィードバック・システムからの情報によって戦略についての仮説を検証することにより、適切な分析を行うことができる。組織内から新しいアイデアや方向が出現し、戦略が進化していく。

オ．正しい。

　以下により、選択肢④が正解である。

100 品質管理会計

《解答》 ③

《解説》

品質原価の分類と算定

		20X8年	20X9年
予防コスト	工程自体の検査費	8,100,000円	9,300,000円
	品質管理教育訓練費	12,750,000円	14,250,000円
	製造設備点検費	4,050,000円	4,050,000円
	予防保全活動費	7,200,000円	8,250,000円
	小計	32,100,000円	35,850,000円
評価コスト	材料受入検査費	3,900,000円	4,350,000円
	工程途上検査費	3,100,000円	2,600,000円
	小計	7,000,000円	6,950,000円
	自発的原価合計	39,100,000円	42,800,000円
内部失敗コスト	廃棄処分された仕損品の仕損費	7,200,000円	6,750,000円
	不合格品の補修費	9,300,000円	8,300,000円
	小計	16,500,000円	15,050,000円
外部失敗コスト	保証期間中の修理サービス費	6,930,000円	3,000,000円
	消費者苦情処理費	3,150,000円	1,800,000円
	小計	10,080,000円	4,800,000円
	非自発的原価合計	26,580,000円	19,850,000円

資格の大原は
一発合格主義！

多くの方が一発合格できるその理由

受験指導のプロ！常勤講師！
資格の大原の講師陣は、
会計士**受験指導に特化したプロ集団。**
豊富な知識と経験を生かして、
受験生を**一発合格へ**と導きます。

講1師

教 2 材

徹底的にこだわったオリジナル！
講師が**試験傾向に合わせて毎年改訂**する
大原オリジナル教材。
一発合格を目指すなら、
使いやすさ抜群の大原の教材です。

カリキュラム 3

負担を抑えて合格レベルに到達！
多くの一発合格者を輩出した大原が
試験を徹底的に分析。
蓄積された**データを基に設計**された
合格カリキュラム。

大原の公認会計士受験シリーズ
短答式対策　管理会計論　試験に出る問題集（8版）

2016年2月25日　初版発行
2023年5月1日　　8版発行

■著　　　者──資格の大原　公認会計士講座
■発　行　者──大原出版株式会社
　　　　　　　　〒101-0065
　　　　　　　　東京都千代田区西神田1-2-10
　　　　　　　　TEL 03-3292-6654
■印刷・製本──奥村印刷株式会社

落丁本、乱丁本はお取り替えいたします。定価はカバーに表示してあります。
ISBN978-4-86783-048-2　　C3033